MÉMOIRE

SUR

LES FORÇATS.

MÉMOIRE

SUR LA QUESTION SUIVANTE

MISE AU CONCOURS

PAR

LA SOCIÉTÉ D'AGRICULTURE,

SCIENCES ET BELLES-LETTRES DE MACON;

« Indiquer, en remplacement des travaux forcés, une
» peine qui, sans cesser de satisfaire aux besoins de la jus-
» tice, laisse moins de dégradation dans l'âme du condamné ;
» proposer les mesures à prendre provisoirement pour que
» les forçats libérés ne soient plus livrés à la misère par l'opi-
» nion qui les repousse, et que leur présence ne menace plus
» la société qui les reçoit. »

PAR M. QUENTIN,

LIEUTENANT-COLONEL DE CAVALERIE EN RETRAITE, CHEVALIER DE SAINT-
LOUIS ET MEMBRE DE LA LÉGION-D'HONNEUR;

A QUI LA SOCIÉTÉ ACADÉMIQUE A DÉCERNÉ LE PRIX.

PARIS.

FAYOLLE, GRANDE COUR DU PALAIS-ROYAL,
ET CHEZ SELLIGUE, IMPRIMEUR-LIBRAIRE,
Rue des Jeûneurs, n° 14.

1828.

IMPRIMERIE DE SELLIGUE
BREVETÉ, POUR LES PRESSES MÉCANIQUES ET A VAPEUR,
Rue des Jeûneurs, n° 14.

AVERTISSEMENT.

L'imperfection de la législation relative aux forçats est depuis long-temps une cause d'inquiétude,
et depuis deux ans l'objet de l'attention publique.
La Société d'Agriculture, Sciences et Belles-Lettres
de Mâcon, s'est rendue l'organe du vœu général en
mettant au concours une Question tendante à résoudre les difficultés qui résultent de cette législation, et elle a honoré de son suffrage le Mémoire
que je lui ai adressé sur cette matière. Je cède au
désir qu'elle m'a témoigné de le voir publier. Incessamment j'en ferai paraître un second qui n'a
été soumis à la Société Académique qu'après le
Concours, mais qu'elle n'a pas jugé moins utile
que le premier.

Au moment où l'impression de ce Mémoire
était presque terminée, l'intéressant ouvrage de
M. de Barbé-Marbois sur les forçats libérés a
paru. Les renseignemens qu'il donne sur les colonies de déportés anglais sont très-précieux, et en
même temps peu favorables à un système général
de colonisation. Nous avons aussi combattu ce
système, et l'on verra que nous n'adoptons la déportation qu'avec de grandes restrictions. Les observations de M. le marquis ne font que nous con-

firmer non seulement dans les raisons qui nous ont fait insister sur la conservation des bagnes, en y établissant un ordre convenable, mais encore dans les diverses mesures que nous avons proposées, tant pour les anciens forçats que pour les nouveaux. La seule modification que notre plan pourra recevoir, sera relative à la déportation limitée, que nous n'avons proposée cependant que pour une classe très-peu nombreuse, et comme second moyen, à défaut d'un premier que nous avons déclaré être très-préférable. Quant à la déportation à vie, le plan de colonisation qui forme l'objet de notre second Mémoire, prouvera que, sans connaître tous les inconvéniens du système anglais, nous n'en avons point adopté les bases, que les nôtres sont toutes différentes, et qu'elles ne présentent point les mêmes inconvéniens.

Quant à l'intérêt de la question sur les forçats que l'on prétend être moindre, parce que les libérés qui ont été traduits aux Cours d'assises de 1826 se trouvent dans une proportion très-faible relativement aux autres coupables, nous croyons que ce n'est pas sous ce point de vue unique que cet intérêt doit être considéré, et qu'il serait plutôt utile d'examiner si, dans ce grand nombre de coupables parmi lesquels les libérés ne figurent que pour une portion minime, les plus grands criminels ne sont pas ces mêmes libérés. Si chaque libéré offre presque toujours un point de réunion à tous les mauvais sujets du lieu qu'il habite et des environs, si les crimes atroces, comme les assassinats et les vols sur le grand chemin, sont particulièrement imputables à cette classe pervertie? la question conservera toujours le même intérêt, attendu que des tours de filou et d'escroc, et même des rixes sanglantes suites de débauche dans des tripots et des cabarets, ne sont pas un sujet d'inquiétude pour la société, comparable à celui que donnent des troupes de voleurs dont les chefs et les acteurs principaux sont presque toujours des libérés.

MÉMOIRE.

SUR LES FORÇATS.

Il est juste de punir le crime, mais non de pervertir le criminel.

Cette maxime n'a pas besoin de démonstration ; mais comme elle nous servira de base dans l'examen de la question que nous avons à traiter, nous croyons devoir lui donner quelques développemens, afin d'en tirer des conséquences plus évidentes et plus applicables à la solution de la question mise au concours.

Un criminel traduit pour la première fois à une cour d'assises, n'est pas toujours un homme entièrement pervers : quelquefois il n'est coupable que d'un moment d'erreur, et son âme n'est pas encore assez endurcie pour être inaccessible au remords. Les tribunaux sont de temps à autre le théâtre de scènes qui prouvent cette vérité, et que les criminels ne sont pas tous indignes de tout intérêt. Il est arrivé plus d'une fois que celui qu'une sentence avait condamné aux fers pour le temps le plus limité, à témoigné un désespoir que n'a pas exprimé celui qui avait été condamné à cette peine pour toute la vie. On a vu des condamnés à mort mépriser la justice et le châtiment, et des condamnés à une simple réclusion fondre en larmes, et adresser aux juges d'inutiles prières en protestant de leur repentir. Cette sensibilité d'un coupable moins familier qu'un autre avec le crime peut être attribuée à un sentiment honorable resté caché au fond de son cœur. Il est permis de croire que ce n'est pas toujours la crainte de la peine qui le ré-

I

veille, mais plutôt celle de la honte et de l'infamie. Or, la honte achemine au repentir, et le repentir souvent a suffi pour arrêter l'homme égaré dans le chemin du crime. Malheureusement ces sentimens précieux s'effacent promptement dans l'âme d'un criminel condamné aux travaux forcés. Il connaît l'avenir affreux qui l'attend après l'expiration de sa peine, avenir plus cruel quelquefois même que le châtiment. Il sait que le pardon qu'il aura obtenu de la justice après avoir satisfait à ses rigueurs, il le demandera en vain à la société. Proscrit par elle, il sera rejeté de son sein avec horreur. Dès-lors il devient l'ennemi juré des hommes qu'il regarde tous comme ses ennemis. La communication continuelle et réciproque de ces sentimens désespérés entre d'anciens forçats et le forçat nouveau, familiarise bientôt l'âme de celui-ci avec tous les forfaits. Il rougit de son repentir, il l'abjure pour jamais; et il ne reste dans son cœur qu'une haine aveugle pour le genre humain, et la démoralisation la plus profonde. Aussi, lorsque le forçat arrive à l'instant de sa libération, loin d'être corrigé, il est au contraire exaspéré, non par le châtiment, mais parce qu'il a fait un cours à l'école du crime. Il sort du bagne beaucoup plus méchant et surtout plus dangereux que lorsqu'il y est entré ; et la peine qu'il a subie, en punissant le crime, a perverti le criminel.

« Indiquer en remplacement des travaux forcés une » peine qui, sans cesser de satisfaire aux besoins de la jus-» tice, laisse moins de dégradation dans l'âme du con-» damné ; proposer les mesures à prendre provisoirement » pour que les forçats libérés ne soient plus livrés à la mi-» sère par l'opinion qui les repousse, et que leur présence » ne menace plus la société qui les reçoit. »

Telle est la question dont une société philanthrope propose la solution pour l'avantage de l'humanité : question importante, dont le sujet occupe depuis long-temps les hommes qui s'intéressent à la chose publique. A Paris ce sont des pairs, des députés, des écrivains et les journaux organes de l'opinion : dans les départemens ce sont, pour l'année 1826, 30 conseils généraux. Tout le monde exprime ses vœux pour la décision de cette grande question : heureux qui pourra la résoudre ; il rendra un service éminent au Roi et à la patrie. Ses concitoyens lui auront l'obligation d'être mis à l'abri des malheurs auxquels ils sont journellement exposés par la libération des forçats ; et ceux-ci lui auront celle d'être délivrés de la misère cruelle qui les force à rentrer dans l'ornière du crime pour pourvoir à leur existence, nécessité fatale qui finit par en conduire un grand nombre à l'échafaud.

Quoique l'utilité de la question soumise à nos méditations ne puisse former l'objet du moindre doute, nous ne croyons pas cependant hors de propos de citer ici un fait qui prouvera combien la position d'un forçat libéré peut être misérable, et à quelles extrémités elle le réduit, lorsque, par un cas extraordinaire, il lui reste encore quelque sentiment d'honnêteté.

On lit dans le *Précurseur* de Lyon du 24 décembre 1826:
« On assure que dans la journée d'hier un forçat libéré
» s'est présenté dans les bureaux de la mairie, et qu'il
» a déclaré à M. l'adjoint que se trouvant sans travail et
» sans moyens d'existence, il venait se mettre à sa dis-
» crétion. S'il faut en croire le bruit public, cet honnête
» forçat a été adressé de suite à M. le préfet du départe-
» ment, qui lui a provisoirement ouvert un asile dans la
» prison de St-Joseph.

Ce fait, qui a été répété dans tous les journaux, prouve deux choses : la première, que les forçats libérés qui méritent le titre d'honnêtes, sont bien rares, puisqu'on les croit dignes d'un article de gazette ; la deuxième, que la position d'un forçat libéré qui veut être honnête, est bien malheureuse, puisqu'elle l'oblige à la démarche la plus humiliante. Or combien y a-t-il de forçats libérés qui n'hésitent

1*

pas à préférer le crime à une telle démarche, quand ce ne serait que par suite de la corruption qu'ils ont contractée dans les bagnes.

CHAPITRE PREMIER.

Examen de la 1re partie de la question. En examinant la première partie de la question, qui propose de *remplacer les travaux forcés par une peine qui, sans cesser de satisfaire aux besoins de la justice, laisse moins de dégradation dans l'âme du condamné*, nous avons reconnu qu'autant il y avait de possibilité à atteindre ce double but en modifiant l'application de la peine des travaux forcés, autant il y en avait peu en changeant la peine pour la remplacer par une autre.

Pour que ce remplacement puisse se faire sans cesser de satisfaire aux besoins de la justice, il faudrait substituer une peine égale à la peine supprimée, et qui châtierait le coupable au même degré; autrement la justice ne serait plus satisfaite. Or, la peine des travaux forcés étant la seule intermédiaire qui, d'après nos lois, existe entre la peine de mort et la réclusion, on se trouve réduit à inventer une peine nouvelle, ce qui est fort difficile, ou à recourir aux codes des peuples de l'antiquité pour y chercher des peines abolies depuis long-temps. Mais que nous présentent ces codes? des peines entachées de cruauté, telles que la mutilation, le fouet, et d'autres supplices qui répugnent à nos mœurs, ou qui se trouvant disproportionnées avec le crime à punir, ne peuvent être appliquées avec justice. Comment, par exemple, appliquer la peine du talion à un assassin qui a manqué son coup, ou à un voleur qui n'a rien à rendre en échange de ce qu'il a pris? La peine du bannissement est immorale, et n'est applicable que pour les délits politiques. On peut bien bannir l'individu qui par ambition ou par un patriotisme mal entendu, est uneo ccasion de trouble dans son pays , parce qu'il tombe dans la nullité, dès qu'il est expatrié ; mais c'est blesser le droit des gens que de se débarrasser aux dépens de ses voisins d'un meurtrier et d'un voleur.

La déportation est une peine nouvelle ressemblante au bannissement , mais cependant très-différente. On peut en tirer un parti éminemment avantageux , et c'est un avantage généralement senti , puisqu'on propose la déportation toutes les fois qu'il est question de forçats libérés. Les Anglais nous ont donné l'exemple de l'emploi de cette peine qu'ils ont réunie aux travaux forcés. Ils ont fondé une colonie de forçats à Botany-Bay , et ont limité la déportation selon l'intensité des délits , de même que nous limitons les travaux forcés. Cette graduation paraît au premier coup d'œil devoir résoudre les principales difficultés de la question ; mais après un mûr examen, nous avons reconnu que la réunion de la déportation aux travaux forcés ne pouvait être établie en France sur les mêmes bases qu'en Angleterre, et que la déportation, loin d'être limitée dans des cas nombreux, comme dans ce pays, ne pouvait l'être en France que dans deux seulement, hors lesquels elle présenterait des inconvéniens graves que sa limitation n'a point chez les Anglais.

La législation criminelle anglaise est infiniment plus sévère que la nôtre. « Elle prodigue la mort pour des délits » qui souvent ne devraient entraîner qu'une simple peine » correctionnelle. Dans l'année 1825, 12 Anglais seulement » ont été convaincus d'avoir versé le sang de leurs sem- » blables, et cependant plus de mille ont été condamnés » à mort. » (*Revue encyclopédique* , mai 1827.)

« En 1826, sur 11,095 condamnations, 1200 ont été à mort » en Angleterre; tandis qu'en France sur 4,348 condamnés » il n'y en a eu que 150 à mort. » (*Revue de juin* et le *Stas-tistical illustrations* , ouvrage anglais.)

La proportion est , comme on voit , de plus des deux tiers

Observations sur la déportation et sur le système anglais.

moindre pour les Français que pour les Anglais. Afin de la
rétablir, il faudrait ajouter aux 150 condamnés à mort,
les condamnés aux travaux forcés à perpétuité, qui sont
au nombre de 281. On aurait alors un chiffre de 431 condamnations qui serait équivalent aux 1,200 condamnations
anglaises, à quelques hommes près.

Il résulte de cette différence de sévérité entre les codes
anglais et français, que les mêmes hommes qui en France
sont condamnés aux travaux forcés à perpétuité, seraient
condamnés à mort en Angleterre; par conséquent que ceux
qui chez nous sont condamnés aux travaux forcés à temps,
seraient chez les Anglais condamnés à la déportation à vie;
enfin que ceux qui sont condamnés par nos lois à des peines
correctionelles seulement, seraient d'après les lois anglaises,
condamnés à la déportation limitée.

Il est essentiel d'observer que pour fonder une colonie
de déportés, ceux à perpétuité sont les seuls qu'on puisse
regarder comme de véritables colons, attendu que les déportés à temps ne peuvent s'attacher à une terre qu'ils sont
destinés à abandonner. Cette observation s'applique surtout aux Français, qui préfèrent leur sol natal à tout autre,
et qui sont moins propres à être colonisés que les Anglais
et les Allemands.

En réglant les termes divers de la déportation sur ceux
des travaux forcés, nos forçats à perpétuité seraient donc
les seuls véritables colons. Or ce sont en général des
assassins et des voleurs de grand chemin qui n'ont échappé
à l'échafaud que par suite de quelques circonstances atté-
nuantes, et pour ainsi dire, par hasard, tous gens qui
eussent été infailliblement pendus en Angleterre. Le *Statis-
tical illustrations* dit, à la vérité, que le roi accorde souvent la grâce de la peine capitale; mais la clémence des
rois de France n'est pas moindre assurément que celle
des rois d'Angleterre, si même elle ne fait pas pencher
la balance. Ainsi il reste démontré qu'en France

on ne peut donner à la déportation, comme en Angleterre, les mêmes termes qu'aux travaux forcés , à moins de remplacer auparavant ceux à perpétuité par la potence.

Il est évident d'ailleurs qu'une colonie composée de nos forçats à vie ne pourrait subsister sur le même pied que celle de Botany-Bay. Que pourrait-on attendre, dans l'origine de sa fondation , d'une race d'hommes si malfaisante, et dont la communication avec les autres déportés qui alors seraient nécessairement des déportés à temps, ne pourrait être qu'infiniment dangereuse? Rien de bon, rien que de malheureux, non seulement pour le repos, mais même pour l'existence de la colonie.

Les mêmes hommes qui en Angleterre sont condamnés à la déportation à perpétuité, et qui par conséquent composent le fond de la colonie de Botany-Bay, n'étant en France condamnés qu'aux travaux forcés à temps, ne se raient ainsi condamnés qu'à la déportation limitée. Ceux donc qui devraient réellement former la colonie, ne la formeraient pas , puisqu'ils seraient destinés à la quitter pour repasser en France: double inconvénient, très-grave tant pour la colonie qui serait abandonnée, que pour la société que la rentrée des déportés plongerait dans les mêmes embarras où la plonge actuellement celle des forçats libérés, sauf peut-être quelque diminution dans le nombre des individus, occasionnée par la mortalité suite du changement de climat. Quelles garanties les déportés rentrés offriraient-ils de plus que les forçats libérés ? Aucune qui fût véritablement rassurante. Les déportés à temps qui auraient communiqué avec les déportés à vie, ne seraient pas meilleurs que ne le sont les forçats à temps actuels qui sont confondus dans les bagnes avec les forçats à vie. Ainsi , d'une part la plaie dont on cherche à guérir le corps politique, resterait ouverte comme auparavant, et de l'autre on n'aurait pour la formation d'une colonie française que des élémens absolument mauvais, et très-inférieurs à ceux de la colonie an-

glaise : par conséquent nulle probabilité en faveur d'un
système de colonisation qui n'aurait pour se soutenir que
le rebut de nos bagnes, desquels la seule partie propre à
fournir des colons, ne serait pas fixée dans la colonie.

Il est évident que la rentrée des déportés à temps n'offre
pas aux Anglais les mêmes sujets d'inquiétude qu'elle offri-
rait aux Français. Nous avons vu que les délits qui chez
nous sont punis d'une simple peine correctionnelle, sont
souvent punis de mort en Angleterre; d'où il résulte que
les Anglais déportés à temps ne seraient pas en France
condamnés aux travaux forcés , mais seulement à une
simple détention. Or , on s'occupe peu en France des
hommes qui n'ont subi que cette dernière peine , et c'est
le cas où se trouveraient les déportés à temps qui rentrent
en Angleterre.

Nous venons de démontrer qu'en limitant, comme en
Angleterre, la durée de la déportation sur celle des travaux forcés, la composition d'une colonie française serait
véritablement détestable et très-inférieure à celle de la colonie anglaise : à présent nous démontrerons qu'il serait
nécessaire de rendre cette composition non seulement égale,
mais même supérieure à celle de la colonie anglaise.

Il a été établi par des calculs positifs fournis par le gouvernement anglais et publiés dans ses journaux, que l'entretien de ses forçats avait été beaucoup plus coûteux que
celui de ses déportés. Or , il est probable que le contraire
arrivera en France où les forçats compensent par leur travail à peu près les dépenses de leur entretien , les vivres y
étant beaucoup moins chers qu'en Angleterre, et le
Français consommant moins que l'Anglais; tandis qu'il n'est
pas douteux que nos déportés coûteront nécessairement des
sommes assez considérables dans les commencemens de la
fondation d'une colonie. La raison en est simple. Nous n'a-
vons pas en France ces capitalistes hasardeux qui quittent
volontairement leur patrie pour aller au-delà des mers

augmenter leurs richesses en élevant des habitations. Les
déportés anglais trouvent à la Nouvelle-Hollande des planteurs qui les emploient, et auxquels ils tiennent lieu de nègres et de domestiques; mais il n'en sera pas de même dans
une colonie française. Nos capitalistes n'iront pas y placer
leurs fonds par spéculation, au moins dans les premières
années : c'est pourquoi nos déportés devront eux-mêmes
être colons et planteurs. Ils devront se construire des habitations et défricher les terres pour leur propre compte. Il
pourra y avoir quelques exceptions, mais elles seront d'a-
bord en très-petit nombre. Ainsi le gouvernement sera
obligé de fournir aux déportés des vivres, des outils, des
bestiaux, etc., ce qui lui occasionnera des dépenses qui dans
la colonie anglaise sont faites en partie par des spéculateurs
particuliers.

Quoique ces considérations financières ne soient que se-
condaires, nous n'avons pas cru devoir les omettre, parce
qu'elles fortifient les considérations principales, qui, à la
vérité, auraient pu suffire. Nous en conclurons :

1° Que la peine des travaux forcés ne peut être abolie
complétement, ni remplacée d'une manière absolue par la
déportation.

2° Que la déportation doit être employée sur d'autres
bases en France qu'en Angleterre, attendu la différence de
rigueur des lois criminelles entre les deux nations.

3° Que, par suite de cette différence, la rentrée des
déportés doit en France être beaucoup plus réduite qu'en
Angleterre, puisque nos déportés à temps, s'ils étaient
anglais, seraient, au moins pour la plupart, déportés à
perpétuité.

4° Enfin que, par une conséquence forcée de cette réduction, la déportation à vie doit être appliquée à la grande
majorité de nos forçats.

Il résulte de ces précédens que pour graduer justement en
France les peines sur les délits, et conserver les distinctions

nécessaires entre les criminels condamnables aux travaux
forcés à perpétuité et ceux condamnables aux travaux forcés à temps, il est indispensable d'employer les travaux
forcés concurremment avec et avant la déportation, au
moins jusqu'au moment encore éloigné où l'établissement
de la colonie sera assez avancé pour qu'on puisse y trans-
porter les travaux forcés.

L'esclavage pourrait peut-être remplacer les travaux
forcés, parce qu'il est beaucoup plus facile d'en propor-
tionner la durée à l'étendue du crime, que celle de la déportation; mais qui oserait proposer d'établir l'esclavage
dans un pays qui est le centre de la civilisation du monde
entier? Qui oserait acheter un homme en France, sans se
déshonorer? Laissons cette peine aux mœurs barbares de
l'Orient, ainsi que toutes les autres peines anciennes dont
nous avons fait l'énumération. Ce n'est qu'à des peuples
ennemis de l'humanité et étrangers à tout sentiment de
philanthropie, qu'elles peuvent désormais convenir.

Au lieu donc de chercher inutilement à remplacer la
peine des travaux forcés par une autre équivalente, cherchons plutôt à en modifier l'application, de manière à diminuer la dégradation qu'elle imprime avec une égalité
cruelle sur tous les coupables indistinctement. La question
à résoudre n'a pas tant pour objet de changer la peine, que
d'en rendre les conséquences moins fâcheuses pour les
coupables et pour la société. Si donc nous parvenons à atteindre ce but, nous aurons satisfait à l'objet de la première partie de la question, et du double problème dont
elle propose la solution.

Nécessité des catégories. S'il était possible de placer un forçat dans un état d'isolement complet pendant toute la durée de sa peine, on
mettrait son âme à couvert du premier et du plus grand
des dangers qui concourent à sa dégradation. La solitude
défendrait le forçat de la contagion du mauvais exemple
et des conseils infâmes qui tendent à le pervertir; elle

produirait la réflexion qui ramène l'homme à la raison et au repentir; mais cet isolement (a) est un moyen trop dispendieux pour être praticable, lors même qu'on en réduirait l'application, comme il serait juste, aux seuls forçats chez lesquels cette dégradation n'aurait pas déjà été entièrement consommée par des condamnations antérieures.

A défaut donc du moyen qui résulterait de l'isolement absolu de chaque forçat, il en est un qui en dérive, et dont on peut faire un usage aussi avantageux que facile : c'est l'isolement partiel, ou, pour mieux dire, la division des forçats en plusieurs classes. En confondant sans distinction dans les mêmes bagnes tous les forçats, quels que soient leurs crimes et la durée des punitions, on produit un très-grand mal, un mal irréparable : c'est qu'on les pervertit tous. Un tel régime est contraire à la fois à tous les principes de la justice et de la religion. N'est-il pas évident que c'est pervertir un malheureux condamné au minimum de la peine, que de le mettre en société avec celui qui est condamné à son maximum (b) ou à perpétuité? Celui-ci est un scélérat incorrigible; l'autre n'est qu'un coupable déjà peut-être repentant, qui arrêté dès son début dans le crime, serait encore susceptible de se corriger. La justice, l'humanité, la charité chrétienne sont également blessées du mélange contre lequel nous réclamons. Elles s'opposent à ce qu'un forçat qui peut encore donner quelque espoir d'amendement, soit placé dans une position qui le précipite plus que jamais dans le vice, et rend sa corruption entière et inévitable.

Cette considération nous a fait reconnaître la nécessité d'établir des catégories entre les forçats (1). Elles séparé-

_____

(a) Voyez sur cette question la note 8, relative au système cellulaire.
(b) D'après le Code, le maximum des travaux forcés à temps est de vingt années.

ront l'homme entièrement corrompu de celui qui n'a
encore que commencé à se corrompre. Cette séparation
produira les effets les plus salutaires, sans présenter aucune
difficulté ni aucun inconvénient dans son exécution.

Parmi les crimes punis de la peine des travaux forcés,
il est une distinction établie non par les lois, mais par l'opinion. Celle-ci ne confond point un déserteur, un soldat
coupable d'insubordination, ni même un contrebandier,
avec un filou ou un escroc, encore moins avec un assassin
et un voleur de grand chemin. Les crimes des premiers,
quoique plus dangereux peut-être dans leurs résultats pour
la masse de la société, ne présentent pas un caractère
d'hostilité contre elle aussi offensif, que ceux des derniers.
Aussi le sort des uns inspire presque toujours la pitié, pendant que celui des autres n'inspire que l'horreur et le mé-
pris. Dans leur opinion personnelle, le déserteur, l'insubordonné et le fraudeur sont certainement beaucoup moins
dégradés que les autres forçats. Le déserteur avec récidive
n'a souvent dû sa condamnation qu'à une répugnance in-
vincible pour l'état militaire. L'insubordonné a pu dans
la colère ou dans l'ivresse menacer son supérieur de la
voix ou du geste. Le contrebandier dans une ren-
contre avec les douaniers, a pu pour sa propre défense en
blesser un dangereusement. Le même événement peut arriver dans une querelle de cabaret entre des commis des
droits et des débitans de boissons accusés de fraude, ou
surpris en la faisant. Les rébellions contre la force armée,
les rixes suivies d'accidens fâcheux, conduisent quelquefois
aux travaux forcés des hommes plus malheureux que coupables; et l'opinion sait les distinguer. Dans les villes frontières, par exemple, les contrebandiers sont connus dans le
peuple pour ce qu'ils sont, sans cependant que personne
les fuie ni les évite. Il en est de même parmi les soldats :
ils n'abandonnent pas un camarade condamné pour désertion ou insubordination, tandis qu'ils rougiraient de

témoigner le moindre intérêt à celui qui serait condamné pour un vol : encore faut-il s'entendre sur la nature de ce vol. Le même soldat qui sera diffamé pour avoir volé dans une maison particulière, ne le sera pas pour avoir pris dans un magasin militaire du pain, du bois, du fourrage, etc. Les lois militaires sont d'ailleurs, et avec raison, beaucoup plus sévères que les lois civiles, ce qui ne contribue pas peu à établir cette distinction d'opinion entre des criminels punis de la même peine, mais pour des délits différens.

Ces nuances de l'opinion entre les crimes qui impriment une dégradation profonde et ceux qu'elle juge moins flétrissans, quoique punis d'une peine égale, méritent quelque considération, non pour diminuer la punition, mais pour diminuer la dégradation qui en est la suite, et dont on doit préserver autant que possible les sujets qui par la nature de leurs délits ont droit à une certaine indulgence. Le gouvernement a reconnu en quelque sorte implicitement cette distinction, en établissant à Strasbourg une prison particulière pour les militaires condamnés à la détention, et qui se trouvent ainsi séparés des autres détenus.

Les catégories dont nous venons d'indiquer le but, et dont on doit pressentir l'utilité, nous paraissent devoir être composées de la manière suivante.

Divisions des forçats par catégories.

Dans la première on comprendra tous les forçats condamnés aux travaux forcés à perpétuité.

Dans la deuxième, on comprendra tous les condamnés à une peine intermédiaire entre celle à perpétuité et le minimum, et, de plus, ceux qui condamnés au minimum auront déjà subi la peine de la détention par suite d'une condamnation antérieure, même correctionnelle.

Dans la troisième, on comprendra seulement les forçats condamnés au minimum de la peine qui n'auront subi aucune condamnation antérieure.

CHAPITRE II.

Nous aurons peu de chose à ajouter à ce que nous avons déjà dit sur le compte des forçats condamnés à perpétuité. Ce sont des hommes morts civilement, et pour lesquels il n'existe plus d'avenir. Ce serait le leur rendre que de les déporter, à moins que ce ne fût pour subir leur peine en déportation ; autrement on diminuerait les justes rigueurs de la loi. D'un autre côté, la déportation d'hommes aussi profondément pervers, si elle avait lieu dans le principe de la fondation d'une colonie, serait sans aucun doute une opération contraire à un système de colonisation qui, bien dirigé, est réellement la ressource la plus efficace qu'on puisse employer pour prévenir les inconvéniens résultans de la libération des forçats. Sous quelque aspect donc que l'on puisse examiner la position des forçats à perpétuité, on ne voit rien à changer pour le moment à leur sort personnel, si ce n'est leur mélange avec les autres forçats auquel il importe de remédier. Il est évident qu'il ne peut être que très-dangereux. Le désespoir et toutes les passions affreuses qui l'accompagnent et qui rongent le cœur d'une classe de scélérats déterminés presque tous dignes de l'échafaud, rendent nécessairement leur société très-pernicieuse, et doivent les faire isoler entièrement de tous les autres forçats. Il convient donc de leur assigner un bagne séparé qui leur soit destiné exclusivement, afin qu'à l'avenir ils ne puissent plus répandre la contagion corruptrice dont ils infectent le moral des autres forçats leurs compagnons actuels.

La sévérité que la loi déploie contre cette classe de forçats, et dont nous regardons le maintien comme indispensable, peut cependant souffrir quelque adoucissement, mais dans des cas bien rares. La vengeance contre un ca-

lomniateur, contre un brigand adroit qui vous a ruiné par
une banqueroute ou par quelque autre infidélité; la confiance trahie par un faux ami, la jalousie enfin, peuvent
conduire quelquefois un homme énergique, quoique na-
turellement doué de sentimens honnêtes, au point d'en
tuer un autre avec ou sans préméditation. Il peut donc se
trouver parmi les forçats condamnés à perpétuité quelques
hommes, un seul peut-être, qui, bien que criminel, sera
moins méprisable que tel autre forçat condamné au minimum de la peine. Les malheureux qui sont dans un des
cas particuliers que nous venons de spécifier, ont des droits
à la clémence du souverain; et ce serait un acte d'humanité et même de justice de les classer séparément sous la
dénomination de deuxième section. La déportation à vie
pourrait aussi être accordée comme une faveur à ceux d'entre ces forçats que leur âge rendrait capables d'en supporter
les fatigues.

CHAPITRE III.

La deuxième catégorie devra, ainsi que nous en avons 2ᵉ catégorie.
déjà démontré la nécessité, être divisée en deux sections : la
première sera destinée à recevoir tous les forçats à temps qui
ont subi, soit une condamnation supérieure au minimum de
la peine, soit une condamnation au minimum accompagnée
d'antécédens correctionnels: la deuxième section sera destinée
aux militaires, aux contrebandiers et autres coupables de
crimes qui ont été désignés précédemment comme moins
infamans et n'entâchant point l'âme du condamné de la
même dégradation que les autres crimes. Il est entendu
que ces derniers forçats n'auront subi aucune condamnation antérieure.

Ces deux sections devront être séparées et sans aucune
communication entre elles. Cette séparation sera d'autant

moins difficile, que nous avons des bagnes dans 4 ports différens, non compris celui de Marseille qui a été évacué, et qu'il est probable que dans chacun de ces bagnes on pourra établir des divisions.

1re section. La première section étant composée d'hommes qui auront subi deux condamnations, ou une seule excédant le minimum et pour crimes infamans, doit être considérée comme renfermant des sujets incorrigibles dont la rentrée dans la société serait un fléau pour elle. C'est donc ici le cas de proposer la déportation, comme le seul remède efficace pour délivrer le pays d'une classe d'hommes dangereux qui troublent son repos par des attentats continuels.

Cette disposition paraîtra peut-être rigoureuse, d'autant plus que nous proposons la déportation à vie, et qu'il semblerait juste d'établir une exception en faveur des forçats mariés. Mais en y réfléchissant, on est bientôt convaincu qu'un forçat qui a passé 7 ans et souvent 15 ou 20, tant dans les bagnes que dans les prisons, est désormais incapable de rendre à sa famille aucun service. Si sa femme et ses enfans ont vécu malheureux pendant son absence, leur misère ne sera pas moindre après son retour. Elle pourra même être augmentée par l'arrivée d'un homme sans ressource et complétement démoralisé. Lorsque les libérés qui sont célibataires meurent de faim faute de travail, il n'y a pas lieu d'espérer que ceux qui sont mariés trouveront plus de moyens pour pourvoir non seulement à leur propre existence, mais encore à celle de toute une famille. Ils n'inspireront pas plus de confiance; ils doivent même en inspirer moins; car le mariage tend à maintenir l'homme dans la bonne voie, et il faut alors qu'il soit totalement corrompu pour s'en être écarté. On est donc fondé à craindre que l'arrivée d'un forçat déjà vieux au milieu d'une famille misérable, mais innocente, ne soit pour elle le plus grand des malheurs. Il est impossible qu'un tel

homme élève bien ses enfans : au contraire il ne peut que
leur donner de très-mauvais exemples, si même il ne leur
donne pas des leçons de scélératesse. D'après ces considérations, la libération d'un forçat marié doit être encore
plus nuisible à la société, que celle d'un forçat célibataire,
et ce serait une humanité mal entendue que de traiter l'un
avec plus de faveur que l'autre.

En proposant la déportation à vie pour les forçats qui
devront composer la première section de la deuxième catégorie, quel que soit le temps fixé pour leur peine,
notre but n'est point d'aggraver cette peine, mais seulement d'assurer le repos de la société. Pour éviter donc,
autant que possible, cette aggravation, il conviendra d'é-
tablir une échelle de compensation qui réduira les travaux
forcés d'après les proportions établies sur une estimation
fixe de la peine de la déportation, comme par exemple la
suivante :

Compensa-
tion de la dé-
portation à vie
par une réduc-
tion dans la
durée des tra-
vaux forcés.

La déportation à vie devra être fixée comme équivalente au minimum des travaux forcés, toutes les fois qu'ils
seront précédés par une condamnation antérieure rendue,
soit par une cour d'assises, soit même par un tribunal
correctionnel. Il est évident, nous le répétons, que tout
individu qui a été l'objet de deux condamnations, ne peut
plus offrir aucune garantie, et qu'il doit être considéré
comme un sujet incorrigible dont la rentrée dans la société ne pourrait avoir lieu sans danger.

Le même équivalent sera fixé pour 6 et 7 ans de travaux
forcés qui n'auront été précédés par aucune condamnation.
Le temps qui excède le minimum de la peine, étant nécessairement la preuve d'un crime beaucoup plus grand,
doit compenser l'absence d'une condamnation antérieure.

En conséquence, les criminels qui à l'avenir se trouveront dans les cas prévus par les deux articles ci-dessus,
n'entreront point dans les bagnes. Ils seront envoyés dans
un dépôt de déportation qui sera établi dans le port ou

près du port désigné pour l'embarquement. On formera dans ce dépôt un atelier de travail moins sévère que celui des bagnes, et qui sera destiné à occuper les condamnés à la déportation.

Les bases d'estimation de la déportation à vie étant ainsi fixées, les crimes punissables des divers degrés de durée des travaux forcés qui excéderont 7 ans, et n'en passeront pas 14, seront punis conformément aux lois actuelles, en comprenant la déportation à vie pour 7 ans de travaux forcés. Ainsi l'individu condamnable à 10 ans, en subira trois dans le bagne de la première section de la deuxième catégorie, avant d'être déporté, et celui qui sera condamné à 14 ans, en subira 7.

Quant aux criminels condamnables depuis 14 ans jusqu'à 20, la déportation à vie sera comptée pour 8 ans de travaux aux hommes condamnables jusqu'à 18, et pour 9, à ceux condamnables à 20. Ces réductions sont motivées sur la nécessité de ne pas laisser arriver à un âge trop avancé les forçats qui seraient destinés à la déportation.

Il est probable qu'il arrivera une époque où la déportation ne sera précédée par aucun séjour dans les bagnes. Cette époque sera plus ou moins éloignée, selon que l'établissement d'une colonie de déportés sera assez florissant pour que la peine des travaux forcés puisse être appliquée dans la colonie même, et avec des modifications appropriées à la différence du sol. Dans ce cas, la compensation de la durée des travaux par la déportation aurait également lieu, mais sans les réductions proportionnelles ci-dessus qui n'auront plus alors de fondement. Nous développerons ce nouveau plan dans un mémoire qui fera suite à celui-ci.

L'on trouvera peut-être, et nous nous y attendons, que l'évaluation de la déportation à vie est disproportionnée avec la peine de 6 ans de travaux forcés ; mais il faudrait considérer :

1° Que d'après les observations que nous avons faites sur la différence de sévérité entre les codes anglais et français, la prudence ne permet pas d'ouvrir une porte aussi large à la rentrée des déportés français qu'à celle des déportés anglais : que c'est donc beaucoup faire que d'admettre la rentrée des criminels condamnés au minimum de la peine, puisque ces mêmes criminels seraient punis, les uns de la déportation à vie, et les autres même de la mort en Angleterre; car on ne doit pas oublier que la législation anglaise punit de mort des délits qui souvent en France n'entraînent qu'une simple peine correctionnelle.

2° Que si cette législation est trop sévère, la nôtre est évidemment trop douce, puisqu'elle compromet le repos de la société; qu'il est donc indispensable de choisir un milieu entre ces deux extrêmes; que pour les crimes infamans, tout homme dont le premier coup d'essai mérite une punition qui excède le minimum des travaux forcés, est sans aucun doute très-dangereux ; d'autant plus encore que, comme nous l'avons déjà dit ailleurs, un séjour de 7 à 8 ans, tant en prison que dans le bagne, aura infailliblement achevé de le démoraliser ; par conséquent, que le minimum est la seule mesure qu'on puisse raisonnablement assigner pour les coupables dont on peut tolérer la rentrée dans la société.

3° Que la déportation à vie, lorsqu'elle n'est point accompagnée des travaux forcés, comme dans le cas présent, n'est point avilissante au même degré; que de plus, les chances de la colonisation seront beaucoup plus favorables aux déportés à vie qu'aux déportés à temps, parce que les premiers pourront s'établir des habitations, pendant que les derniers ne songeront qu'à leur retour, et ne travailleront uniquement que pour subvenir à leurs besoins journaliers.

Ces diverses considérations étant, comme on le voit, fondées sur la raison, nous ont paru de nature à déterminer l'évaluation de la déportation à vie sur les bases que nous venons de présenter.

2ᵉ section.

La deuxième section ne devant être composée que d'hommes qui n'ont subi qu'une seule condamnation, et pour des délits que l'opinion publique voit d'un œil indulgent, devra en conséquence prétendre à rentrer dans la société. La déportation limitée sera donc la peine qui pourra le plus avantageusement remplacer les travaux forcés à l'égard des individus susceptibles de former la deuxième section, attendu que cette peine est la moins flétrissante à laquelle on puisse les condamner. Mais pour entrer dans cette section, il conviendra cependant que le terme des condamnations soit fixé à de justes bornes ; car un homme condamné à un terme trop long ne gagnerait rien à rentrer dans la société, et la société encore moins à le recevoir, si ce n'est dans le cas bien rare où il aurait des facultés pécuniaires qui le mettraient à même de vivre dans la société, sans lui être à charge; mais alors il n'en aurait été que plus coupable de s'être exposé à une punition à très-long terme. C'est pourquoi nous fixerons à 10 ans le maximum des condamnations pour désertion, insubordination, contrebande, fraude, etc., qui rendraient admissible dans la deuxième section.

Distinction à établir entre les anciens forçats et les nouveaux.

Pour éviter l'incohérence qui résulterait des mesures dont nous proposons l'adoption, il est essentiel d'établir ici une distinction entre les *anciens* forçats et les *nouveaux*, c'est-à-dire entre les forçats actuellement existans, et les criminels qui seront à l'avenir passibles de la peine des travaux forcés. Ceux-ci pourront être soumis à la déportation, lorsqu'elle aura été prononcée par une loi antérieure à leur condamnation ; mais cette loi ne peut avoir un effet rétroactif. Les anciens forçats sont jugés, et aucune peine nouvelle ne doit les atteindre, tant qu'ils ne commettront pas des délits nouveaux. Quelque préférence donc que puisse mériter l'intérêt de la société comparé avec celui des forçats, cet intérêt ne peut l'emporter sur la justice, et tout en insistant sur la nécessité de la déportation, nous n'hésitons pas à reconnaître qu'elle n'est *légalement applicable qu'aux forçats dont la condamnation aura été postérieure à la loi.* Quant à ceux dont la condamnation sera antérieure, nous proposerons, en traitant la deuxième partie de la question, des mesures légales qui auront pour but de neutraliser les suites dangereuses de leur libération. Si nous ne pouvons indiquer aucun moyen de droit pour empêcher la rentrée dans la société des anciens forçats qui voudront jouir du bénéfice des lois existantes, nous tâcherons au moins de les placer dans une position tellement inoffensive, qu'ils ne puissent désormais causer aucune inquiétude.

Comme il ne suffit pas de préconiser une mesure, sans Détails sur la déportation. indiquer en même temps des moyens praticables pour la mettre à exécution, nous croyons devoir entrer dans quelques détails relatifs à la déportation, d'autant plus qu'elle a déjà été essayée plusieurs fois par le gouvernement, comme pouvant servir de fondement à un système de colonisation, et toujours sans autre succès que celui de débarrasser les gouvernans des malheureux qu'ils ont fait déporter.

Nous ne nous arrêterons point à démontrer l'utilité de la déportation; elle est reconnue aussi généralement en France qu'en Angleterre; et la Prusse vient de suivre l'exemple de cette dernière puissance en colonisant ses forçats. On ne peut contester que la société et le forçat n'aient chacun un intérêt égal et réciproque à être délivrés l'un de l'autre; car si le forçat libéré fait le malheur de la société, la société fait encore plus le sien, et il y a à gagner pour lui à ce qu'on l'envoie fonder une colonie, plutôt que de le laisser errer sans ressource dans une patrie qui n'est pour lui qu'une cruelle marâtre. La déportation serait donc pour le forçat libéré et à libérer un moyen de salut

qu'il devrait saisir sinon avec joie, au moins avec résignation ; mais il paraît que l'établissement d'une colonie de
déportés présente des obstacles assez difficiles à surmonter:
l'on en juge ainsi par les tentatives infructueuses qui ont
été faites jusqu'aujourd'hui pour arriver à ce but.

En lisant l'histoire des infortunés déportés par le direc-
toire en 1798, on est d'abord convaincu d'un fait : c'est
que le but dont il s'agit, n'était point celui de ce gouvernement. La fondation d'une colonie n'était que le pré-
texte qui couvrait l'intention cruelle de faire périr miséra-
blement les hommes que l'on déportait. La conduite des
agens chargés de l'organisation de cette prétendue colonie,
n'a que trop prouvé qu'ils avaient une mission secrète entièrement opposée à leur mission apparente. En admet-
tant même des intentions moins perfides, il est évident
que l'immoralité de ces agens, leur rapacité et leur ignorance suffisaient pour faire manquer le plan de colonie le
plus sagement conçu, lors même que leur bonne volonté
pour le faire réussir, eût été constatée d'ailleurs.

Long-temps avant cette époque, en 1763, ou avait es-
sayé de former une colonie dont le plan avait été proposé
par M. de Préfontaine, ancien commandant de la partie
nord de l'île de Cayenne. Ce n'étaient point des déportés,
mais des personnes libres qui s'expatrièrent par spéculation ; et c'est ce qui rendit l'établissement de cette colonie
d'autant plus difficile, attendu que dans une telle entreprise, il faut des bras et non des spéculateurs fainéans.
L'extrait suivant du *Voyage d'un déporté à Cayenne* nous
donnera des renseignemens précieux sur ce sujet important; on verra qu'un contemporain de M. Depréfontaine,
M. Colin, Français habitant à la Guiane, croyait à la réus-
site de ce plan.

« Quoique Préfontaine fût mon ennemi, je lui rendrai
» justice ; il n'est pas cause des malheurs de la colonie de
» 1763. Si le ministre Choiseul l'eût écouté, Cayenne et

» Kouron seraient florissans. Il avait demandé trois cents
» ouvriers et des nègres à proportion pour leur apprêter
» l'ouvrage. Chaque année en ayant fourni un pareil nom-
» bre (2) aurait fait affluer les étrangers. La Guiane in-
» culte et hérissée de piquans, se fût peuplée peu à peu ; le
» commerce et l'industrie auraient donné la main aux
» arts. La grande terre (3) serait devenue aussi habitable
» que Cayenne; nous aurions remonté le haut des riviè-
» res sans nous borner aux côtes. Pour cela, il fallait mar-
» cher pas à pas (4). C'était le moyen de trouver des mines
» d'or dans la fertilité inépuisable du sol. Le gouvernement
» français voulut agir plus en grand, afin de recueillir tout
» de suite le fruit de son entreprise ; il ouvrit un champ
» vaste à l'ambition et à la cupidité (5). » (*Voyage d'un
déporté à Cayenne*, I.ᵉʳ vol., pag. 261.).

M. Colin, après avoir parlé de la politique secrète de la
France, qui dénatura ce plan; et avoir dit qu'on débarqua
quinze mille hommes (tandis qu'il est évident que pour
commencer c'eût été déjà beaucoup trop de quinze cents),
ontinue ainsi :

« Cette forêt , qui nous obstrue le jour , était rasée jus-
» qu'aux rochers. J'ai vu ces déserts aussi fréquentés que
» le jardin du Palais-Royal. Des dames en robe traînante ,
» des messieurs à plumet marchaient d'un pas léger jus-
» qu'à l'anse ; et Kouron offrit pendant un mois le coup
» d'œil le plus galant et le plus magnifique ; on y avait
» amené jusqu'à des filles de joie. Mais , comme on avait
» été pris au dépourvu, les karbets n'étaient pas assez vas-
» tes : trois à quatre cents personnes logeaient ensemble.
» La peste commença son ravage (6) ; les fièvres du pays
» s'y joignirent , et la mort frappa -indistinctement.
(I.ᵉʳ vol., p. 263.)

» Le vieillard nous détailla ensuite les causes de l'épidé-
» mie qui les moissonna (les colons), leur destination, leur

» genre de vie, l'arrestation de Chauvalon par Turgot, qui
» le fit prendre au milieu d'un grand repas, (Page 265.)

» Joignez à ce fléau (les chiques) la peste, les fièvres
» chaudes et putrides; les ravages de la mort vous étonne-
» ront moins. Ils ne vivaient que de salaisons ; le sorbut
» gagnait les karbets, etc., (Page 267.)

» Ceux qui approchaient Chauvalon et sa cour débordée
» étaient si affamés d'alimens frais , qu'un cambusier de
» vaisseau , s'étant avisé de faire la recherche aux rats, ga-
» gna vingt mille francs à ce genre de chasse... Turgot fut
» instruit de ces horreurs ; il fit entourer le gouvernement
» pendant qu'on chantait la messe de minuit : deux com-
» pagnies de grenadiers se saisirent de Chauvalon et de
» tous ses commis , les conduisirent à Cayenne , et prirent
» leurs registres. Préfontaine fut arrêté le même jour, et
» suivit Chauvalon, etc. (Page 268.)

» Chauvalon fut trop heureux d'être relégué pour sa vie
» au mont Saint-Michel en Bretagne. Préfontaine en fut
» quitte pour quelques tonneaux de sucre qu'il donna à
» son rapporteur , pour obtenir la justice qu'il méritait
» sans cela. » (Page 271.)

Voilà en abrégé l'histoire de la colonie de 1763 , qui
mal administrée, composée d'hommes à plumet et de
femmes à robe traînante, tous êtres inutiles et incapables
de travail, privée d'ouvriers et de logemens suffisans , de
vivres sains et frais, manquait de tous les élémens nécessaires pour prospérer. On commença par y établir le luxe
et la débauche des habitans des grandes villes, pendant
qu'il y aurait fallu le travail manuel et la frugalité des habitans des campagnes.

Mais si, au lieu d'une expédition mal combinée, on en
formait une de cinq à six cents forçats libérés , tous hommes endurcis de longue main au travail , à la frugalité et
aux privations; si, au lieu de lui donner pour chef un
homme efféminé et corrompu, on en choisissait un qui

réunît l'intégrité à la capacité, auquel on accorderait de
l'autorité et des moyens pour la faire respecter, et que
l'on pourvoirait de toutes les provisions nécessaires en vivres, semences, outils, etc., enfin de tout ce qui est indispensable pour subvenir aux besoins de six cents colons, il
n'y a aucun doute qu'on parviendrait à établir une colonie sur des bases solides. Les pertes en hommes étant cou-
vertes par l'envoi annuel de nouveaux déportés, la population finirait par s'acclimater et par prendre de l'accroissement. D'ailleurs le voisinage de l'île de Cayenne dont la
colonie est ancienne et indépendante de la grande terre,
assurerait à la colonie nouvelle tous les secours qu'on pourrait désirer pour tous les cas possibles.

Les deux passages suivans, pag. 197 et 200 de l'ouvrage
cité, confirmeront notre manière de voir :

« En 1784, M. le comte de Villebois, gouverneur de la
» colonie (de Cayenne), sur les avis de M. Lescalier, alors
» ordonnateur, y fit établir (c'est-à-dire dans la partie de
» la terre ferme qui fut destinée plus tard pour l'habitation
» des déportés) des ménageries dont la garde fût confiée
» au député Pomme, assez connu en France depuis la ré-
» volution. Elles réussissaient bien. On y envoyait des sol-
» dats qui se fixaient dans la colonie, après avoir obtenu
» leur congé ; des créoles même s'y rendaient volontiers.
» Le gouvernement leur donnait des nègres-pâtres, des vi-
» vres, leur avançait un certain nombre de bêtes à cornes,
» dont ils avaient le laitage; ils partageaient seulement les
» rapports avec l'état. Ils choisissaient les lieux les plus
» propices pour abattre les forêts, et y substituer à leur
» loisir des denrées coloniales. Par ce moyen, ce désert se
» peuplait de cultivateurs et de pâtres. Depuis la révolu-
» tion, les invasions des Portugais ont tout ruiné, et ce
» sol si productif par la végétation, a repris sa forme hi-
» deuse. »

Il résulte de ce passage que l'établissement des ménage-

ries peut se faire avec succès, mais graduellement, et non
autrement, puisqu'il faut donner aux bestiaux le temps de
se réproduire et de multiplier, ce qu'un trop grand nombre de consommateurs ne permettrait pas. Ce n'est donc
que quand on aura créé des pâturages, et qu'on les aura
peuplés suffisamment de bêtes à cornes, qu'on pourra
augmenter les déportations. Si on les commence sur un
pied considérable, il faudra des soldats en proportion pour
maintenir la police parmi les déportés. Les vivres frais
manqueront, et il n'en faudra pas davantage pour amener
des maladies qui causeraient la ruine totale de la colonie.

« A la même distance (six lieues de Cayenne), est la ri-
» vière de Synamari; qui doit son nom à la salubrité d'une
» fontaine qui se trouve à deux lieues à l'est-sud. On y avait
» bâti autrefois un hôpital pour les attaques de nerfs, les
» malingres, les fraîcheurs; il n'existe plus aujourd'hui.

» Le poste de Synamari qui a pris son nom de la rivière,
» est à l'extrémité nord-ouest d'une savanne ou prairie de
» quinze à seize milles de long sur huit ou dix de large. Il
» est composé de quinze ou seize cases, restes des débris
» malheureux de la colonie de 1763. C'était le lieu d'exil
» des seize premiers (déportés); ce sera aussi le nôtre ;
» mais nous irons premièrement à six lieues plus loin, sur
» les bords malheureux de Konnanama. »

Si l'ouvrage dont nous avons tiré ces extraits, n'est pas
recommandable par le style, ni par l'ordre des matières,
il l'est par la naïveté de l'auteur qui se montre à chaque
page, et qui d'ailleurs nous a été garantie par ses compatriotes. On l'a accusé, comme les autres déportés en général, d'exagération dans les peintures qu'il a faites de l'intempérie du sol et du climat; les citations que nous en
avons tirées pour démontrer la possibilité de l'établissement
d'une colonie de déportés à la Guiane, n'en méritent
donc que plus de confiance. Cette possibilité d'ailleurs
vient d'être confirmée encore tout nouvellement, et de la

manière la plus positive, par l'établissement volontaire de
plusieurs familles françaises sur les bords de la Mana (7).
Qu'importent au reste le lieu et la contrée? ce sont des
accessoires qu'il n'entre point dans notre sujet de traiter.
Il nous suffit que le gouvernement reconnaisse l'utilité de
la déportation des forçats, les moyens ne lui manqueront
pas pour l'exécution.

Quoique les femmes soient nécessaires à l'existence d'une Femmes à dé-
colonie, il conviendra cependant d'attendre que les pre-porter.
miers fondemens de celle qu'on établira, soient au moins
jetés, avant d'y envoyer des femmes. Ce ne sera donc que
lorsque la colonie aura trois ou quatre ans d'existence,
qu'il sera temps seulement d'en déporter quelques-unes
que l'on mariera aux colons déportés à vie qui ayant déjà
formé une habitation, paraîtront propres à devenir chefs
de famille: on pourra ainsi débarrasser les maisons de réclusion des malheureuses qui y sont séquestrées de la société. Il n'est pas sans exemple que des femmes publiques
soient devenues de bonnes épouses. Au surplus, on ne peut
unir à des forçats que des femmes qui leur ressemblent;
elles n'en serviront pas moins à adoucir les mœurs des déportés, et à donner une certaine consistance à la colonie.

CHAPITRE IV.

3e catégorie.

La troisième catégorie, ne devant recevoir que les forçats
condamnés au minimum de la peine qui n'ont subi aucune
condamnation antérieure, se trouvera nécessairement composée des sujets les moins coupables, et qui présentent le
plus d'espoir de réformation. Leur isolement des autres
catégories, en les préservant du danger d'une communication qui ne manquerait pas de les pervertir, est un premier avantage extrêmement essentiel auquel on pourra en
joindre d'autres qui concourront efficacement à prévenir la

dégradation de cette classe de condamnés, et ouvriront leur
âme à des sentimens de consolation et de confiance dans un
meilleur avenir. Il leur sera permis d'espérer d'être un jour
rendus à la société, sans être repoussés par elle, et sans
lui inspirer un sentiment d'horreur et d'inquiétude.

Pour organiser cette catégorie, il conviendra de la diviser en deux sections, mais d'après une autre base que les
précédentes.

1ᵉ section.

Bagne tempo-
raire.

Pour la première section on établira un bagne séparé et
entièrement composé des anciens forçats admissibles dans
la troisième catégorie. Ce bagne différera de ceux des deux
premières, en ce qu'il ne sera que temporaire, tandis que
ceux des deux autres devront être permanens. Dans 5 ans
à partir du jour de l'adoption de notre plan, ce bagne sera
évacué, puisqu'il ne renfermera que des hommes condamnés au minimum de la peine ; et que les nouveaux
forçats n'y seront point admis.

2ᵉ section.

La deuxième section sera formée des forçats nouveaux
qui rempliront les conditions exigées pour entrer dans la
troisième catégorie. Leur séparation d'avec les anciens forçats de la même catégorie a une importance qui n'existe
pas dans les autres catégories. Les individus de celles-ci,
hors ceux de la deuxième section de la seconde qui sera
très-peu nombreuse, sont tous destinés à ne plus rentrer
dans la société, si l'on adopte notre plan relatif aux nouveaux
forçats ; tous ceux de la troisième catégorie, au contraire,
seront admis à y rentrer : il convient donc de prendre à
l'égard de ces derniers des mesures particulières qui remé-
dient, autant que possible, à leur dégradation et qui
soient rassurantes pour la société.

Bagnes dans
les villes capi-
tales de dépar-
tement.

De trois moyens que nous avons à proposer pour régler
le sort des forçats nouveaux de la troisième catégorie, le
premier et le plus avantageux sera d'établir dans chaque
ville capitale de département un petit bagne destiné à recevoir les forçats nés dans l'étendue du département, qui

seront admissibles dans la troisième catégorie. Leurs travaux seront le balayage des rues , l'enlèvement des immondices , le curage des fossés et égouts , l'entretien des places et promenades , enfin toutes les constructions et réparations d'intérêt public , fossés , remparts , etc., qui ne manquent jamais dans une grande ville , quand elle a à sa disposition des hommes dont elle peut employer les bras d'une manière utile.

La Suisse et toutes les puissances de l'Allemagne qui n'ont ni ports ni marine, n'emploient pas autrement leurs forçats. Ils sont dans les villes un exemple journalier et permanent qui rappelle sans cesse au fainéant et au pervers quel sera un jour le prix de sa mauvaise conduite , s'il n'abandonne le libertinage pour se livrer au travail. Un tel exemple serait en France d'une grande utilité, surtout dans les grandes villes où plus la population est considérable, plus les facilités pour s'adonner au vice sont dangereuses , sans être balancées par aucun exemple bien efficace. Celui qui résulte des exécutions à mort est rare, et n'a qu'un effet passager qui s'efface d'autant plus vite , que le mauvais sujet ne prend pas cet exemple pour lui , et se flatte toujours de ne pas aller assez loin pour encourir la peine capitale.

La permanence de l'exemple aura encore d'autres avantages. Le forçat se trouvant en présence de ses parens ou très à portée d'eux, chaque famille sera plus intéressée à la conduite de chacun de ses membres par la crainte d'en voir quelqu'un faire partie de la chaîne publique. On sera plus charitable envers ses proches, quand ils seront dans la détresse , par la considération que la détresse pouvant conduire au crime, de même que le libertinage, la honte de la punition retombera en partie sur ceux qui auront pu en être la cause par leur manque de charité. Les pères cesseront de témoigner une indifférence coupable à l'égard de leurs enfans. Ainsi l'exemple permanent de la chaîne aura une action permanente contre la démoralisation de la partie du peuple qui est plus féconde en forçats que les autres classes de la société.

De ce que la punition des forçats de la troisième catégorie, sera d'un exemple plus frappant et plus répandu que celle des autres forçats, on voudra peut-être en tirer une objection contre ce mode de punition, et la fonder sur ce que les forçats les moins coupables seront plus exposés à la honte que les grands criminels, qui placés dans les deux premières catégories, sont ensevelis dans les bagnes, et à l'abri, sinon de tous les regards, du moins de ceux de leurs concitoyens.

Nous répondrons que la honte est une peine morale qu'il n'est utile d'employer que contre ceux qui sont encore susceptibles de la sentir; son effet serait nul contre ceux qui y sont devenus insensibles. Or, cette peine morale peut produire un heureux repentir : et dans l'âme de qui peut-on espérer de réveiller ce sentiment précieux, si ce n'est dans celle du coupable qui n'a fait encore que débuter dans la carrière du crime? ce serait vainement qu'on chercherait à le faire renaître dans celle d'un scélérat familiarisé de longue-main avec les vices les plus odieux, et qu'une dépravation profonde a désormais rendu inaccessible à toute impression vertueuse.

L'on observera aussi que la division des forçats par catégories, place nécessairement ceux de la troisième sous le rapport le moins défavorable dans l'opinion publique; qu'ils seront connus pour être l'élite des forçats; qu'au lieu donc d'inspirer l'horreur comme ceux des autres catégories, ils inspireront plutôt la pitié qui ne s'émeut jamais plus facilement que pour des objets présens; que ces forçats seront l'objet des charités publiques et particulières, indépendamment des secours qu'ils seront à même d'obtenir de leurs familles; qu'ils recevront ainsi de toutes parts des consolations dont les forçats des autres catégories seront gé-

néralement privés; et que ces marques d'intérêt et de com-
misération, en améliorant le sort des forçats de la troisième
catégorie, les réconcilieront avec le genre humain, et sou-
tiendront leur âme contre la dégradation qui est le résultat
inévitable de l'abandon total et de la misère profonde où la
totalité des forçats est plongée dans l'état actuel des
bagnes.

A ces considérations il s'en joint d'autres non moins
importantes. Les forçats de la troisième catégorie étant
divisés par petites portions, se pervertiront beaucoup
moins que s'ils formaient des réunions nombreuses, qui, ne
pouvant jamais être aussi bien surveillées, doivent toujours
être infectées d'un mauvais esprit. Les bagnes de département
ne contiendront pas des centaines et des milliers de forçats
comme ceux qui sont dans nos ports. On verra dans la note
n. 10 que leur nombre variera de 5 à 9 pour les départemens les moins peuplés, et de 50 à 54 pour ceux qui le
seront le plus. On aura donc toutes les facilités qu'on pourra
désirer pour établir dans ces petits bagnes un régime favorable au moral et au physique des forçats (8). Ainsi ceux
qui auront été condamnés à un terme court, ne seront
plus corrompus par la société de ceux que des peines à long
terme ou des condamnations répétées font regarder à juste
titre comme des sujets incorrigibles; ils ne respireront
pas la contagion empestée qu'exhale une masse épaisse de
criminels. La démoralisation, suite inévitable d'une communication dangereuse qui étouffe tous les bons sentimens,
s'arrêtera. Enfin, l'avenir qui aujourd'hui ne présente à
tous les forçats indistinctement qu'une même perspective
également affreuse, leur présentera des perspectives plus
ou moins claires, plus ou moins rembrunies, proportion-
nellement à leur culpabilité. Un espoir plus ou moins con-
solant leur restera, selon qu'ils l'auront plus ou moins mérité. Il offrira, comme il est juste, des chances plus favo-

·rables à celui dont la faute et la peine auront été moins
graves, et ces chances tendront à préserver son âme de la
dégradation, en donnant accès à des sentimens d'humanité
et de modération.

Placé dans son pays, à portée de sa famille et de ses
connaissances, le forçat de la troisième catégorie trouvera
des occasions de se ménager des moyens d'existence pour
l'avenir, qu'ils ne peut jamais trouver dans les bagnes actuels. Les yeux de ses concitoyens se seront familiarisés
tous les jours à lui voir subir sa peine avec résignation;
ils auront été témoins de son repentir, et lorsqu'il sera
rendu à la liberté, il ne sera pas un objet d'horreur pour
tout le monde, comme un forçat inconnu arrivant de
Toulon ou de Rochefort (9). Il n'inspirera pas même
autant de défiance qu'un déporté arrivant de la Guiane.
Le forçat étant libéré dans son département, pourra re-
tourner avec assurance dans son village au milieu de ses
compatriotes, pour lesquels il aura été un objet de
pitié, et dont il aura obtenu son pardon. Ils n'auront pas
la même répugnance pour l'associer à leurs travaux, que
s'il avait été éloigné d'eux pendant plusieurs années, et
qu'il leur fût devenu totalement étranger. S'il habitait la
ville, il y reprendra son métier. Par un effet de la charité
publique toujours plus compatissante envers ceux des
peines desquels elle a été le témoin, on lui donnera de
l'ouvrage pour le mettre à même de gagner honnêtement
sa vie; et l'on fera même une quête en sa faveur le jour
de sa libération. Dans tous les cas, la position du forçat
sera infiniment préférable à celle où il se trouve actuellement au sortir de son bagne. A peine est-il arrivé au lieu
de sa destination, qu'il ne sait plus ni que faire, ni que
devenir. Repoussé de tous les côtés et par tout le monde,
il s'abandonne au désespoir, et recommence une carrière
de nouvaux forfaits.

En établissant ainsi une distinction entre le coupable

qui est susceptible de repentir et celui qui ne l'est pas, on ne fait qu'un acte de justice. On doit réserver la clémence pour celui-là seul qui n'en est pas tout-à-fait indigne. Cette différence de traitement apprendra au forçat, de quelque catégorie qu'il puisse être, que si le premier devoir de l'homme est de respecter les lois, c'est aussi son premier intérêt, et que plus il s'éloigne de ce devoir, plus il se fait tort à lui-même.

Les adoucissemens que le forçat de la troisième catégorie pourra recevoir, ne doivent pas être considérés comme *contraires aux besoins de la justice*, puisqu'ils ne sont qu'éventuels, et que la peine matérielle reste la même. En la prescrivant, la loi n'a point prescrit les conséquences affreuses qui en sont la suite après qu'elle a cessé, et encore moins la démoralisation qui est le résultat forcé du régime auquel les forçats sont actuellement soumis. Un tel résultat est, il n'est pas permis d'en douter, absolument contraire aux intentions du législateur, et il ne peut qu'applaudir aux moyens que l'on prendra pour que l'application du châtiment qu'il est forcé d'ordonner, soit calculée de manière à mettre les coupables qui y sont condamnés, à l'abri de la corruption et de la dégradation qui ont été jusqu'à ce jour les conséquences de ce châtiment. S'il était possible de sauver tous les coupables de cette corruption, loin de le défendre, le législateur l'ordonnerait; mais il n'est pas plus en son pouvoir d'opérer ce prodige, qu'il ne l'est à l'agriculteur de rendre à la vie une plante pourrie dans la fange. Tout ce que peut faire celui-ci, c'est de tirer du marais celle qui n'est pas encore entièrement gâtée, et de la planter dans une terre où elle puisse reprendre vigueur, et échapper à la pourriture qui la menaçait.

Le second des trois moyens que nous avons annoncés, est la déportation à temps limité. Nous croyons que, pour satisfaire aux exigences de la justice, cette limitation doit

Déportation limitée.

être fixée au moins à sept années. Si les cinq ans formant
le minimum de la peine des travaux forcés sont une punition plus courte, cette punition n'en est pas moins évidemment plus sévère et surtout plus avilissante que sept
ans d'une simple déportation. Le changement de climat
présente à la vérité des chances défavorables qui établis-
sent une sorte de compensation, mais non telle cependant
qu'on doive limiter la déportation simple sur le même pied
que les travaux forcés : ce qui le prouve, c'est qu'on voit
chaque jour des hommes qui vont habiter volontairement
Cayenne et la Guiane, et nous en avons donné un exemple au chapitre précédent ; mais on ne voit personne qui
entre de son plein gré dans un bagne.

Nous nous abstiendrons de toute réflexion sur les résultats de la déportation limitée pour améliorer le moral des
individus : ce sera à l'expérience à les faire connaître; mais
on est fondé à espérer qu'ils seront beaucoup plus favorables que ceux du régime actuel des bagnes. Cependant
nous croyons moins aux avantages de la déportation limitée, sous le rapport moral, qu'à ceux de la déportation à vie;
attendu que le déporté à vie deviendra colon par nécessité,
qu'il finira, ainsi que nous l'avons dit plus haut, par s'attacher à un sol qu'il cultivera pour son propre compte, et
qu'il prendra les sentimens d'un propriétaire qui met toutes ses espérances dans son champ, et devient l'ami de l'ordre et de la paix, qui peuvent seuls le lui conserver. Les
sentimens d'un déporté à temps s'amélioreront moins facilement, parce qu'il ne sera jamais qu'un prolétaire sans
cesse occupé de la seule idée de son retour, et qui restera
étranger à l'amour et à la jouissance d'une propriété acquise par le travail de ses mains. Au reste, le déporté à
temps n'en devra pas moins cependant être accueilli avec
beaucoup plus d'indulgence à sa rentrée dans la société, que
le forçat sortant d'un des bagnes qui sont dans nos ports,

parce qu'il sera moins avili et très-probablement moins corrompu.

Il est entendu que, dans les deux années à ajouter à la déportation limitée, en échange du minimum des travaux forcés, le temps des deux traversées est compris ; il l'est aussi que ces deux ans seront également ajoutés à la durée de la déportation des forçats nouveaux qui composeront la deuxième section de la deuxième catégorie.

Le troisième moyen, à défaut des deux premiers, serait de désigner dès à présent un bagne particulier pour les forçats nouveaux de la troisième catégorie. Ce bagne préviendra le mélange de ceux-ci avec les forçats anciens de la même catégorie qui occuperont le bagne temporaire, et dont on doit d'autant plus éviter la communication, qu'ayant été mêlés avec tous les forçats indistinctement, ils seront généralement empreints des mêmes vices. *Bagne dans un port.*

Ce troisième moyen aussi simple que facile, mais moins utile que les deux précédens, aura toujours néanmoins un grand avantage : ce sera de prévenir la dégradation complète des forçats nouveaux, et de diminuer les chances de leur démoralisation par une sorte de distinction qui devra les rendre moins avilis à leurs propres yeux. En effet ils seront les seuls qui jouiront de cette distinction, puisque dans les deux autres catégories les forçats nouveaux se trouveront mêlés avec les anciens. Or, c'est la moindre chose que l'on puisse faire en faveur des forçats qui à l'avenir seront presque les seuls destinés à rentrer dans la société ; et nous la proposerions aussi pour les forçats nouveaux de la deuxième section de la deuxième catégorie, si nous n'étions pas fondés à supposer qu'on préférera leur appliquer la déportation limitée que nous avons demandée pour eux.

L'emploi du troisième moyen fera perdre :

1º L'avantage des ressources que le premier moyen offre au forçat pour le moment de sa libération ;

2º Celui de l'exemple, qui est incalculable ;

3º Celui de l'indulgence que la société témoignera à un forçat libéré connu, et qu'elle ne peut témoigner à un libéré inconnu;

4º La diminution de l'avilissement qui sera plus grand pour un libéré sortant d'un bagne établi dans un port, que pour celui qui sortira d'un petit bagne de département, ou qui reviendra de la déportation.

Des trois moyens proposés pour la troisième catégorie, le premier est certainement le préférable, et sera peut-être le moins goûté. On le négligera, parce qu'il paraîtra choquant et extraordinaire, tandis que c'est justement par là qu'il sera plus propre à avoir une action efficace sur les habitudes dépravées d'une partie de la population des grandes villes. Nous nous sommes donc crus obligés consciencieusement à le présenter, dans la conviction où nous sommes qu'il aurait surtout le mérite de prévenir le crime, autant que de le punir. A considérer ce moyen avec impartialité, il nous paraît devoir causer une révolution dans les mœurs par la honte qu'il imprimerait, honte dont l'effet serait d'autant plus grand, et à laquelle on serait d'autant plus sensible, que l'honneur a toujours eu un pouvoir magique sur le Français, dans quelque condition que le sort l'ait placé. Cette honte d'ailleurs est compensée par des consolations uniquement dues à la collocation du forçat dans son département, et qu'il lui est impossible d'obtenir autre part.

Quel que soit, au reste, le choix que l'on puisse faire entre les trois moyens proposés pour la troisième catégorie, le troisième moyen devra nécessairement être employé le premier et provisoirement, en attendant que le choix soit décidé soit pour le premier, soit pour le second. Il est d'autant plus nécessaire d'établir un bagne particulier pour les forçats nouveaux de la troisième catégorie, que ce serait corrompre cette catégorie dès sa naissance si on la mêlait, même provisoirement, avec les forçats anciens de la même

catégorie , lesquels ayant déjà communiqué avec les forçats de toutes les classes , ne peuvent plus donner que de
très-faibles espérances de repentir et d'amélioration morale.

Lors donc que la prompte adoption du premier moyen
rendrait le troisième inutile , le bagne temporaire destiné
à recevoir les anciens forçats , n'en serait pas moins d'une
nécessité indispensable, et il facilitera beaucoup la distribution des nouveaux forçats dans les villes capitales de département, en levant un des principaux obstacles qui pourraient s'y opposer. En effet, l'arrivée subite de vingt à
trente forçats, tant anciens que nouveaux, dans une ville
qui n'a aucun emplacement préparé pour les recevoir , oc-
casionnerait nécessairement beaucoup d'embarras; mais il
n'y en aura aucun, quand cette arrivée sera bornée aux
nouveaux forçats, parce qu'alors elle ne sera que successive à mesure des condamnations , et que chaque ville
pourra facilement loger le petit nombre de forçats qu'elle
aura à recevoir, dans l'intervalle du temps qui lui sera nécessaire pour faire construire un bagne proportionné au
maximum des condamnés admissibles dans la troisième catégorie , que pourra produire la population du département.

Les précautions indiquées pour préserver les forçats nouveaux de la troisième catégorie de tout mélange avec les
anciens, seraient insuffisantes, si l'on n'excluait pas de
cette catégorie les sujets totalement corrompus qui peuvent se rencontrer parmi les forçats destinés à la composer.
Il n'est que trop prouvé malheureusement qu'entre les
hommes qui n'ont fait encore que débuter dans la carrière du crime, il s'en trouve de temps à autre quelques-
uns qui , par la perversité naturelle de leurs inclinations,
sont aussi redoutables que d'anciens scélérats; c'est pourquoi, lorsque de tels sujets paraîtront parmi les forçats,
soit anciens soit nouveaux, tant de la troisième catégorie que

Épuration de la troisième catégorie et de la deuxième section de la seconde.

de la deuxième section de la deuxième, il ne faudra pas
hésiter à les renvoyer dans la première section de la
deuxième catégorie; mais ce renvoi ne devra point être
arbitraire. Le commandant du bagne sera tenu de dresser
un procès-verbal qui constatera la mauvaise conduite du
forçat dont le bagne doit être purgé. Ce procès-verbal sera
remis au procureur du roi qui en justifiera sans délai
l'exactitude par une enquête, et requerra ensuite du tribunal un jugement qui ordonne la translation du forçat
dans la première section de la deuxième catégorie.

Cette sévérité est aussi nécessaire, qu'elle est juste.
Après tant de soins pris pour éviter la contagion du vice,
ce serait s'exposer à en perdre tout le fruit, que de conserver dans la troisième catégorie et dans la deuxième section de la seconde, des sujets d'un mauvais exemple. La
supériorité morale qui résultera de ces mesures à l'avantage des forçats nouveaux destinés à rentrer dans la société,
s'opposera efficacement, il faut l'espérer, à leur dégradation. Ils devront nécessairement être moins avilis que les
autres forçats dans leur propre opinion, et ils le seront réellement moins dans celle du public, quand il aura été instruit du classement établi parmi les forçats, et du but de
ce classement. Les forçats nouveaux de la troisième catégorie et de la deuxième section de la deuxième, seront
aussi plus disposés à se bien conduire, quand ce ne serait
que par la crainte d'être renvoyés dans la première section
de la deuxième catégorie, et privés ainsi de tout espoir de
rentrer jamais dans la société.

Récapitula-
tion des ba-
gnes. L'établissement des catégories exigera dans les bagnes
actuels sept divisions, savoir:

Dans la première catégorie, un grand bagne pour la
première section, un petit bagne pour la seconde.

Dans la deuxième catégorie, un très-grand bagne pour la
première section qui sera la plus nombreuse de toutes, deux

petits bagnes pour la deuxième section, dont un pour les forçats anciens, et l'autre pour les forçats nouveaux.

Dans la troisième catégorie, deux bagnes, un pour les anciens forçats, et l'autre pour les forçats nouveaux.

De ces sept bagnes, les trois premiers seront permanens; deux seront temporaires de cinq à dix ans jusqu'à la libération des anciens forçats de la troisième catégorie et de la deuxième section de la deuxième ; les deux autres bagnes seront permanens ou provisoires, selon les mesures législatives et administratives qui seront prises ultérieurement : dans tous les cas, la distribution des bagnes en sept divisions est un préliminaire indispensable à toute amélioration morale (a).

Ce classement opéré conduira à un autre très-essentiel sous le rapport des mœurs.

On connaît les mœurs impures de l'Orient, digne résultat des lois et des usages d'un peuple barbare chez lequel les femmes, la plus aimable portion du genre humain, sont condamnées à l'esclavage. On sait que le soldat égyptien, turc et arabe, avant de donner la mort à l'infortuné que le sort cruel a rendu son prisonnier, manque rarement, si ce prisonnier est jeune, d'assouvir sur lui la brutalité la plus infâme. Ce vice affreux n'est point inconnu dans les bagnes qui sont remplis en partie de forçats jeunes auxquels tout commerce avec les femmes est interdit.

En conséquence, il conviendrait de séparer pendant la nuit tous les jeunes forçats d'avec les vieux; et, pour éviter toute communication nocturne entre les jeunes, on établirait sur les lits de camp qui leur seraient destinés, des cloisons en planches élevées de quatre pieds.

(a) Si les localités le permettent, une 8e division, sans être bien nécessaire, serait néanmoins utile pour les forçats nouveaux de la première section de la deuxième catégorie. Quoique destinés à être déportés, les nouveaux ne pourront que gagner beaucoup à ne point être mêlés avec les anciens de la même section.

Une autre amélioration morale importante serait celle
d'établir une école d'enseignement mutuel parmi les forçats nouveaux destinés à rentrer dans la société, et même
parmi ceux destinés à la déportation. Un ministre du culte,
exempt de fanatisme et animé du véritable esprit du chris-
tianisme, serait choisi pour être mis à la tête de cette école.
Il adresserait une fois la semaine à ses écoliers une courte
exhortation tirée des maximes les plus consolantes de la religion, et dont le but serait de leur prouver qu'il n'y a
point de bonheur à espérer, ni dans ce monde ni dans l'autre, pour celui qui n'est pas honnête homme.

Nous n'insisterons pas sur l'utilité de quelques écoles
ainsi dirigées, et où l'on n'admettrait que des forçats choi-
sis et de bonne volonté. Chacun sait qu'une crasse ignorance est, autant au moins que l'irréligion, une source de
désordres parmi les hommes.

Quant à l'amélioration physique, voici les principes sur
lesquels nous croyons qu'on doit baser les moyens destinés
à la produire, sans cesser de satisfaire aux besoins de la
justice.

La loi en condamnant le criminel aux travaux forcés à
temps, et en indiquant l'âge de soixante-dix ans pour la
commutation de peine du forçat condamné à perpétuité, a
manifesté une intention évidente et formelle de ne point
attenter à la vie des forçats. Les travaux sont donc forcés,
en ce sens seulement que le condamné y est soumis contre
sa volonté, mais non dans le sens qu'ils doivent excéder
ses forces. Une comparaison statistique de la mortalité de
l'homme dans l'état social et dans celui de forçat fera connaître de combien la balance est désavantageuse aux forçats. On fera aussi la part du chagrin, qui ne mine pas
moins la santé de l'homme que la peine physique. C'est
sur ces deux bases que les travaux du forçat et sa nourriture doivent être calculés. La justice n'entend pas que la

peine tende à abréger sa vie, et il n'est permis d'ajouter à
ses rigueurs aucune aggravation.

Le classement des forçats est une opération qui exige Mode de pro-
céder à la for-
mation des ca-
tégories. une exactitude sévère et une rigoureuse impartialité.
Pour que cette opération soit faite d'après ces principes,
il est nécessaire de faire concourir deux autorités indépen-
dantes l'une de l'autre au travail préparatoire, qui doit pré-
céder le classement.

En conséquence, on établira dans chacun des bagnes actuels trois contrôles signalétiques en double expédition de
tous les forçats qui y sont renfermés. Le premier de ces
contrôles comprendra les condamnés au minimum de la
peine ; le deuxième, les condamnés depuis le minimum
jusqu'au maximum ; et le troisième, les condamnés à perpétuité. Un commissaire nommé par S. Exc. le ministre
de la marine pour coopérer au classement, se rendra dans
chaque bagne, où il lui sera remis une des deux expédi-
tions des trois contrôles ci-dessus, et où on lui donnera
communication du contrôle général de tous les forçats,
pour le mettre à même de vérifier les trois contrôles particuliers.

Ce commissaire, concurremment avec l'administrateur
du bagne, interrogera tous les forçats successivement par
rang d'ancienneté, et notera sur son contrôle, d'accord
avec l'administrateur qui en fera autant sur le sien, dans
quelle section le forçat interrogé devra être classé. Lorsqu'il y aura divergence d'opinion, chacun motivera la
sienne par écrit sur son contrôle, à la colonne d'observations. On notera avec soin les hommes dont il sera nécessaire de connaître les antécédens, et sur lesquels il conviendra de prendre des informations auprès des présidens
et procureurs du roi des tribunaux qui les auront jugés.

En interrogeant les forçats admissibles dans la deuxième
et la troisième catégorie, l'on fera connaître à ceux qui
par leur âge et leur physique seraient propres à la dépor-

tation, les mesures de surveillance auxquelles ils seront
soumis à leur libération, la peine qui sera prononcée contre le vagabondage et l'incorrigibiblité, et les avantages
réservés à la déportation volontaire. On notera les hommes qui seront disposés à l'accepter. (*Voy*. les chap. 1, 2,
3 et 4 de la 2ᵉ partie.)

Indépendamment du travail du classement, le commissaire prendra une connaissance exacte du local de chaque
bagne pour indiquer les divisions dont il sera susceptible;
il s'instruira aussi de tous les détails de son régime inté-
rieur et des différences qui peuvent exister dans son administration avec celle des autres bagnes qu'il sera appelé
à visiter.

Comme le bagne de Toulon contient à lui seul à peu
près la moitié de l'effectif général des forçats, deux commissaires suffiront, l'un pour Toulon, et l'autre pour les
trois bagnes de Brest, Lorient et Rochefort.

A mesure que le travail d'un bagne sera terminé, les
contrôles signés et paraphés seront envoyés à S. Exc. le
ministre de la marine, qui les fera vérifier l'un par l'autre, prononcera sur les divergences d'opinions relatives au
classement, selon qu'il les jugera bien ou mal fondées, et
fera prendre dans les tribunaux les renseignemens nécessaires sur les forçats dont il serait utile de connaître les antécédens.

Lorsque l'opération sera finie dans tous les bagnes, on
établira au ministère de la marine l'effectif général de
chaque catégorie et de chaque section; ensuite on dési-
gnera les divers bagnes qui seront affectés à chacune des
sept divisions. Pour éviter toute erreur, on inscrira sur
une colonne en blanc réservée dans les contrôles, la décision ministérielle qui fixera le sort de chaque forçat. On
enverra alors une expédition des contrôles au bagne dont
elle est venue, avec l'ordre de translation des forçats. L'ex-

pédition signée par le commissaire, restera dans les archives du ministère.

Si le classement n'est ainsi fait, il sera à craindre que la troisième catégorie surtout, et la deuxième section de la deuxième, ne soient pas composées comme elles devront l'ê-tre. Dans une opération de cette importance, et dont les premières bases doivent être posées avec la plus grande attention, on ne peut être trop scrupuleux. La faveur et la partialité ne manqueraient pas d'avoir des suites très-fâcheuses sur l'esprit des forçats, d'autant plus qu'elles pourraient facilement tomber sur des hypocrites et des scélérats. L'exactitude avec laquelle le classement sera commencé, doit être égale à celle avec laquelle il sera continué. Or celle-ci est infaillible, les tribunaux devant nécessairement être chargés à l'avenir de désigner dans le prononcé de leurs jugemens à quelle catégorie et à quelle section chaque condamné devra appartenir.

Nous terminerons ce chapitre en observant que l'établissement des catégories est indépendant de toute autre mesure ultérieure, qu'il n'est nullement dispendieux, qu'enfin ce sera toujours un grand pas de fait vers le bien, quel que soit le système qu'on puisse adopter. Il est d'autant plus urgent d'opérer le classement proposé, que c'est l'unique moyen d'arrêter la dépravation des forçats, et que sans ce moyen toute réforme dans leur moral est impossible.

CHAPITRE V.

Les avantages que nous cherchons à assurer aux forçats Pionniers. nouveaux destinés à rentrer dans la société, seraient incomplets, si le gouvernement ne venait pas au secours de ceux d'entre eux qui auraient le malheur de se trouver dans un dénûment absolu de toute ressource au moment de leur libération. La société demeurerait alors sans garantie à l'égard de ces forçats, son repos serait compromis, et notre plan pour l'assurer resterait imparfait. Pour compléter ce plan, nous proposerons donc la formation, non d'un corps, mais seulement d'un certain nombre d'escouades de pionniers, qui seraient composées des forçats libérés anciens et nouveaux de la troisième catégorie et de la deuxième section de la deuxième, que le sort aurait privés de tout moyen d'existence. La charge que ces pionniers imposeront au gouvernement ne lui sera nullement onéreuse : c'est ce que nous nous engageons à démontrer par des calculs positifs qui établiront la comparaison des dépenses qu'occasionnera l'organisation des pionniers, avec le produit que l'on pourra tirer de leurs travaux.

Calculs sur l'effectif présumable de la troisième catégorie et de la deuxième section de la deuxième.

Avant d'aller plus loin, il convient d'examiner une objection qui peut naître de l'ignorance du nombre de pionniers qu'on aurait à organiser par suite des libérations de la troisième catégorie et de la deuxième section de la deuxième, nombre qu'on pourrait supposer très-considérable, faute de connaître l'effectif, tant de cette section que de la troisième catégorie.

D'après des renseignemens exacts obtenus au ministère de la marine, le nombre total des forçats existans dans les bagnes au 1er janvier 1827, s'élevait à 9215, répartis ainsi qu'il suit :

Toulon. 4230
Rochefort. 1709
Brest. 2665
Lorient. 611

On peut calculer approximativement que la troisième catégorie composée uniquement des hommes condamnés au minimum de la peine qui n'auront subi aucune condamnation antérieure, ne formera, par suite de cette dernière condition, que la moitié à peu près de la totalité des condamnés à ce minimum, attendu que la plupart des forçats ont ordinairement quelques antécédens judiciaires qui ont précédé leur envoi aux travaux forcés. Or, cette totalité arrive à peine au tiers de l'effectif général : ce qui le prouve, c'est que les condamnations au minimum pour l'année 1826, ne montent qu'à 467 sur un total de 1420 condamnations au travaux forcés. On voit qu'elles n'arrivent pas entièrement au tiers, puisqu'il reste le chiffre 19 à diviser.

Si donc l'effectif présumable de la troisième catégorie n'est que de la moitié du tiers, et ne forme ainsi que le sixième de l'effectif général, on est fondé à croire que celui de la deuxième section de la seconde catégorie n'ira pas à plus du douzième du même effectif, puisque les conditions pour faire partie de cette section, sont beaucoup plus difficiles à réunir que celles qui sont exigées pour entrer dans la troisième catégorie. En effet, dans celle-ci on admettra non seulement les coupables dés crimes spécifiés pour la deuxième section, mais encore les coupables de plusieurs autres crimes infiniment plus communs, tels, par exemple, que le vol qui se diversifie de tant de manières. De plus, s'il est difficile qu'une condamnation aux travaux forcés ne soit pas précédée de quelque peine correctionnelle, cette difficulté doit nécessairement être beaucoup plus grande lorsque le terme de la condamnation dépasse le minimum, comme dans la deuxième section de la seconde, que lorsqu'il s'y arrête, comme dans la troisième catégorie.

En réunissant le sixième composant cette dernière catégorie au douzième formant la deuxième section de la seconde, le nombre des forçats susceptibles d'entrer dans les pionniers ne montera qu'à trois douzièmes, quart de l'effectif général. Or, on doit supposer que la moitié au moins de ce quart trouvera des ressources au moment de sa libération, surtout si l'on adopte l'établissement des pe-

tits bagnes de département (10). Ainsi le nombre des forçats libérés à admettre dans les pionniers, ne formerait
que le huitième de l'effectif général, et ne monterait alors
qu'à 1,150 hommes.

Si l'on veut considérer à présent que sur plus de 45 ports
et villes de guerre qui bordent nos côtes et nos frontières,
il n'est pas une place dont les fortifications, bâtimens et
autres constructions n'exigent des travaux annuels d'entretien et de réparation plus ou moins considérables, on re-
connaîtra que ce serait une chose bien facile que de donner de l'emploi à 1,000 ou 1,200 pionniers. Les services
qu'on en tirera seront d'autant plus utiles, qu'indépendamment de l'avantage de rendre inoffensifs des hommes
qui pourraient devenir dangereux, on aura une économie
certaine sur leurs travaux, dont le prix sera taxé à un taux
inférieur à celui que le gouvernement paie pour les journées des ouvriers ordinaires. Quel que soit le budget des
sommes allouées pour les dépenses d'entretien de nos
ports et de nos places fortes, quelque faible que puisse
être la portion de ces sommes destinée au paiement des
journées d'ouvriers, elle sera toujours bien suffisante pour
payer celles de quelques centaines de pionniers : elle ne le
serait point, qu'on ne manquerait pas pour cela de moyens
d'employer utilement ailleurs ces pionniers, et l'on verra
au cinquième chapitre de la seconde partie de ce Mémoire,
qu'il sera toujours facile de les mettre à même d'acquitter
les frais que l'Etat serait obligé de faire pour leur entretien.

D'après les devis des travaux du génie militaire, la
journée d'un manœuvre ordinaire est de 1 franc 25 c. à
1 fr. 50 c., et celle d'un maçon coûte 2 fr. et au-dessus. En
fixant celle du pionnier à 1 franc, on obtiendra donc un
bénéfice qui produira ou une diminution dans les dépenses,
ou une augmentation dans le nombre des journées, ce qui
mettra les travaux plus au niveau des besoins et tournera
à l'avantage de nos ports et surtout de nos places de guerre.

Les détails d'organisation et les calculs qui forment l'objet de la note 11 feront connaître les frais d'entretien d'un pionnier et le produit de son travail. La balance de la dépense avec la recette prouvera que les pionniers, loin d'être à charge à l'État, lui offriront au contraire des gains assurés. Si dans cette note nous sommes entrés dans des détails minutieux, c'est parce qu'ils étaient indispensables. Toute proposition de dépense est toujours accompagnée d'une défaveur qui la fait presque infailliblement rejeter, si les avantages n'en sont pas très-clairement établis. Il était donc nécessaire de démontrer ceux de la création des pionniers ; et surtout de prouver que le gouvernement sera intégralement remboursé des avances qu'il aura faites, quoique cependant ce remboursement ne soit pas de rigueur, puisque le déficit en serait compensé par l'importance du service rendu, tant à la société qu'aux forçats libérés eux-mêmes.

L'établissement des pionniers placera les forçats sans ressource dans une position heureuse et préférable à celle de la plupart des manœuvres et journaliers, qui, loin d'être à même de faire des économies, comme le pourront les pionniers, ont souvent bien de la peine à pourvoir à leurs premiers besoins. Nous croyons qu'il est difficile de faire plus que ce que nous proposons en faveur du forçat libéré de la troisième catégorie et de la deuxième section de la deuxième. On ne peut le conduire jusqu'au terme de sa vie ; il faut bien l'abandonner un jour à lui-même et à son industrie, de même que tant de milliers d'hommes qui n'ont que leurs bras pour assurer leur existence. L'expérience que le forçat aura acquise pendant les dix années qu'auront duré sa peine et le temps d'épreuve qu'il aura passé dans les pionniers, devra suffire pour le guider dans le bon chemin pendant le reste de sa vie, en même temps que cette épreuve présentera une garantie à la société.

Nous n'ajouterons rien pour faire valoir une insti-

Séparation des forçats libérés anciens et nouveaux admis dans les pionniers.

tution, dont l'utilité se démontre d'elle-même, du moment où elle ne coûte rien à l'État. Nous nous bornerons seulement à recommander une précaution qui n'est que la conséquence de celles qui ont été indiquées précédemment, pour préserver les nouveaux forçats de la corruption qui résulterait de leur mélange avec les anciens. Cette précaution consiste dans la désignation d'escouades particulières pour les anciens forçats jusqu'à leur entier licenciement des pionniers. Quand des escouades ainsi composées se trouveront trop affaiblies, on les réunira à d'autres de la même composition.

EXAMEN

DE LA DEUXIÈME PARTIE DE LA QUESTION.

Le classement des forçats par catégories, la distinction établie entre les anciens et les nouveaux, l'emploi de la déportation à vie et de la déportation limitée, enfin l'établissement des pionniers, sont, nous osons le dire, autant de moyens dont le succès ne peut être incertain, et qui devront remplir le but proposé par la première partie de la question; mais ce succès, nous nous empressons à le déclarer, ne peut porter tous ses fruits que dans l'avenir, et il reste encore à pourvoir aux besoins du présent. Or, ce présent se compose non seulement de tous les forçats libérés actuellement répandus sur la surface de la France, mais encore des forçats à libérer qui sont dans ce moment dans les bagnes, et dont, à la reserve des condamnés à perpétuité, il n'est pas au pouvoir des lois d'empêcher la rentrée dans la société.

Pour évaluer le nombre des forçats libérés, nous sommes obligés d'avoir recours à des calculs approximatifs, faute de renseignemens plus certains que nous n'avons pu nous procurer.

Si l'on admet que le nombre des forçats libérés soit égal à celui des forçats à libérer, il restera sur l'effectif général de 9215, déduction faite du cinquième formant celui des forçats à perpétuité (12), 7372 forçats qui, partagés entre

4

374 arrondissemens de sous-préfecture, y compris les 12 mairies de Paris, formeront un chiffre de 19 à 20 libérés pour chaque arrondissement. Cette évaluation, Paris excepté, est évidemment trop forte. Elle excède 85 libérés par département. Nous serons plus d'accord avec les probabilités et quelques renseignemens partiels qui nous sont parvenus, en la portant à 50 par département; ce qui nous donnera un total de 4300, qui divisé par 374, formera un chiffre de 11 à 12 libérés par arrondissement. Ce chiffre serait encore exagéré, s'il n'était compensé par Paris et par quelques grandes villes telles que Bordeaux, Lyon, etc.

L'effectif présent de 4300 libérés paraîtrait devoir s'alimenter pendant vingt ans du produit des libérations des 7372 forçats restans sur l'effectif général dont le cinquième a été déduit pour les forçats à perpétuité; mais à ce cinquième il convient d'en ajouter deux autres, attendu que la mort qui épargne encore moins les forçats que les autres hommes, doit dans l'espace de vingt ans enlever sinon la moitié, au moins les deux cinquièmes de l'effectif général. Il ne restera donc, ces trois cinquièmes déduits, qu'un chiffre de 3686 qui produira par année de 184 à 185 libérés, lesquels couvriront à peu près les pertes de leur effectif actuel, 4300, pendant les dix premières années; mais cet effectif décroîtra fortement pendant les dix dernières.

D'après le rapport statistique de la justice criminelle pendant 1826, 179 forçats libérés ont été jugés pour de nouveaux délits, et 7 seulement ont été acquittés; en outre, il a été rendu 511 jugemens par contumace, dans lesquels il est très-probable que les libérés auront figuré pour une bonne partie. Sur les 172 qui ont été condamnés de nouveau, 82 ont été retranchés de la société par la peine capitale ou par celle des travaux forcés à perpétuité, et les autres ont été soumis à des peines temporaires presque toutes d'une longue durée.

Le Constitutionnel du 10 juin 1827, en rendant compte
de ces faits, termine par dire : « que ces résultats n'infir-
» ment en rien les considérations qu'il a reproduites plus
» d'une fois, et qui l'ont été même à la tribune en faveur
» d'un système de colonisation pour purger la société des
» forçats libérés. »

Une circonstance que nous remarquerons comme très-
favorable à ce système, c'est que d'après les observations
qui ont été faites sur l'âge des accusés en général, leur
nombre, depuis l'âge de discernement jusqu'à trente ans,
va toujours croissant, et diminue sensiblement après cet
âge. Ce nombre est de plus de moitié pour ceux qui ont
moins de trente ans. Or, la proportion étant nécessairement la même pour un forçat nouvellement condamné,
que pour un accusé, les forçats doivent pour la plupart être
d'un âge très-convenable pour la colonisation.

Mais comme l'impossibilité de donner un effet rétroactif aux lois, surtout en matière criminelle, impossibilité
à laquelle peu de personnes paraissent avoir songé jusqu'ici (13), ne permet pas de coloniser tous les forçats libérés indéfiniment et contre leur gré, nous sommes obligés de recourir pour les anciens à des mesures différentes
de celles que nous avons proposées pour les nouveaux, et
c'est justement ici le cas prévu par la deuxième partie de
la question, qui porte :

« Proposer les mesures à prendre provisoirement pour
» que les forçats libérés ne soient plus livrés à la misère
» par l'opinion qui les repousse, et que leur présence ne
» menace plus la société qui les reçoit. »

Ce terme *provisoirement* prouve que la société académique qui a posé la question, avait reconnu d'avance que
les mesures que l'on pourrait proposer pour les forçats
nouveaux, ne seraient point applicables aux anciens, et
justifie ainsi notre manière de voir sur l'importance de
cette distinction.

4*

Le plan que nous avons à présenter pour remplir le vœu de la deuxième partie de la question, se compose de cinq moyens tous applicables aux forçats libérés présens et à venir, anciens et nouveaux. Le quatrième moyen pourra s'appliquer aussi aux anciens forçats non libérés, mais qui ont droit à l'être.

Le premier de ces moyens est d'ajouter à la surveillance à laquelle tous les forçats libérés sont censés soumis, quelques formalités qui rendront plus efficace cette surveillance dont la nullité actuelle entraîne les inconvéniens les plus préjudiciables à la société.

Le deuxième est d'ajouter à la loi sur le vagabondage une disposition qui permette de retrancher de la société par la déportation à vie tout forçat libéré qui se sera soustrait à la surveillance que l'autorité a le droit d'exercer sur lui.

Le troisième est de punir de la même peine l'incorrigibilité des forçats libérés qui commettront de nouveaux délits.

Le quatrième est d'offrir annuellement aux forçats libérés dénués de toute ressource, des avantages particuliers qui puissent les déterminer à une déportation volontaire; et dans le cas où le nombre fixé pour les déportations de l'année serait incomplet, d'admettre les forçats qui sont dans les bagnes, à le compléter comme déportés volontaires.

Le cinquième est d'établir des ateliers de travaux extraordinaires d'une utilité publique reconnue, auxquels on emploiera les forçats libérés qui n'auront pas voulu être colonisés, et que le manque de travail rendrait cependant embarrassans pour les autorités locales dépourvues de moyens pour les occuper.

Le cinquième moyen, pouvant nuire au succès du quatrième, ne devra, chaque année, être mis en usage que le dernier. A cet effet, le quatrième sera employé peu-

dant l'hiver, saison morte pour les travaux, et où les libérés manquant de pain, céderont plus facilement aux avantages qu'on leur offre pour les coloniser. Quant au cinquième moyen, on attendra pour l'employer, le printemps,
époque où les travaux devront commencer.

Ces divers moyens seraient tous inutiles, si l'on adop-
tait un système général de colonisation pour tous les forçats anciens et nouveaux, libérés et non libérés. Mais ce
système, quoiqu'il ait été proposé par quelques écrivains,
par des journaux, et même par des conseils-généraux de
département, n'en est pas moins susceptible d'objections
qui doivent le faire regarder comme impraticable.

Observations sur un système général de colonisation.

- 1° Nous avons déjà établi que la peine de la déportation
ne devait en France être limitée que dans deux cas seulement, hors lesquels il était nécessaire qu'elle fût à perpétuité : par conséquent qu'elle ne pouvait être graduée
comme les travaux forcés, qui n'ont pas moins de dix-sept
degrés différens applicables à tous les criminels, (14) ceux
passibles de la peine de mort exceptés; qu'ainsi le remplacement des travaux forcés par la déportation ne pouvait
être absolu.

2° Nous avons reconnu que la justice ne permettant pas
que l'on donnât aux lois un effet rétroactif, une loi de déportation n'était réellement applicable qu'aux forçats nouveaux; que quant aux anciens, elle ne pouvait l'être que
pour des délits nouveaux postérieurs à sa publication.

Si ces raisons que nous avons cru devoir représenter ici
une seconde fois, sont puissantes, celles qui suivent ne le
sont pas moins.

Le nombre des forçats actuels est de 9215 ; celui des libérés est, d'après l'estimation que nous en avons faite au
taux le plus bas, de 4300 ; on aurait donc pour commencer 13,515 hommes à déporter.

A-t on calculé les dépenses énormes qu'occasionerait la
déportation d'une pareille masse? La colonie de 1763 a

coûté 33 millions pour 15 mille hommes (*Voy.* p. 263 ,
premier volume du *Voyage à la Guiane* , déjà cité).
Soixante-quatre années se sont écoulées depuis cette époque ; ainsi la dépense en bâtimens de transport, vivres, outils et provisions de toute espèce, quoique faite pour des
forçats, ne serait probablement pas moindre que celle qui
fut faite pour la colonie de 1763.

A-t-on songé à la possibilité d'établir tout à coup sur
une plage inculte et déserte une colonie de 13,500 hommes,
et quels hommes? aux moyens de maintenir parmi eux le
bon ordre et l'obéissance aux lois? à la quantité de troupes
nécessaire pour cet objet? Car sans troupes il est évident
qu'une telle colonie se détruirait d'elle-même ; il l'est également qu'en la formant sur une base aussi étendue, ce serait s'ôter les moyens de la faire exister, et dévouer tous
les individus qui la composeraient à la famine et à une
mort presque certaine.

D'après tous les renseignemens les plus exacts sur la
Guiane , une colonie ne peut s'y établir qu'avec le temps,
pas à pas (dit M. Colin, ce vieillard déjà cité), et par des
défrichemens successifs. On ne peut donc commencer cette
colonie qu'avec un petit nombre d'hommes, 600 par exemple, qui trouveront plus facilement un terrain propre à
un premier établissement, et où ils pourront mieux s'acclimater. L'année suivante, on y enverra un pareil nombre d'hommes qui profiteront de l'expérience acquise par
les premiers colons, tant pour se préserver de l'intempérie
du sol et des saisons, que pour étendre les défrichemens.
En continuant ainsi pendant quelques années les déportations sur un pied modéré, la colonie finira par acquérir
une consistance et des développemens qu'il est impossible
de lui donner dès le principe de son établissement.

Une colonie ne peut exister sans femmes. Comment donc
parviendrait-on à en fournir à près de 14 mille colons? Le
nombre de celles dont on a le droit de disposer, se réduit

_ .ero , au moins pour le moment. Il y en a peu qui con-
sentiraient à la déportation volontaire ; même parmi celles
qui sont condamnées à la réclusion à perpétuité. Les déporter forcément, serait exercer sur elles la même violation
de droits que sur les forçats. L'arbitraire n'en serait que
plus grand, et la punition qui , par égard pour la faiblesse
des femmes, est moins rigoureuse envers elles qu'envers
les hommes, le serait alors davantage.

En vidant tout à coup les bagnes par une déportation
générale de tous les forçats, on priverait la marine de
leurs travaux, travaux non seulement utiles, mais nécessaires, et qu'il faudrait faire faire à grands frais par des
ouvriers libres. Ainsi, pendant que l'état se constituerait
dans des dépenses énormes de déportation, il s'obligerait
encore à en faire de nouvelles pour remplacer les bras dont
il se serait privé volontairement.

La réunion de ces diverses considérations doit donc faire
regarder le projet d'une déportation générale d'abord
comme très-injuste, très-coûteux , et ensuite comme très-
désavantageux. En se renfermant au contraire dans les
bornes indiquées par la justice, par l'économie, et par
une sage prévoyance, on établira sur des bases solides une
colonie qui, dans quelques années, rendra les plus grands
services ; et sans parler du premier, qui sera de délivrer
la société du rebut de la population, en offrant un débouché aux forçats libérés les plus dangereux, elle en rendra
un second non moins important, qui sera de tirer parti
avec une juste discrétion des richesses que renferme une
terre neuve, d'une fertilité extraordinaire, mais dont l'intempérie exige des hommes acclimatés pour la cultiver,
ce qui demande du temps, et rend nécessaire des précautions de plus d'une sorte. La Guiane est couverte de forêts magnifiques dont M. Bonard, ingénieur de la marine,
vient de proposer l'exploitation pour la construction des
vaisseaux et l'usage de notre marine (15). Son plan se lie-

rait avec avantage au nôtre pour la déportation successive
des forçats. En abattant les bois peu à peu , et à mesure
des besoins, on rendra le pays plus salubre, en même temps
que la terre ouvrira son sein à des cultures productives. Si
au contraire on fait des abatis trop considérables dans une
contrée non habitée, sans routes, sans canaux, sans
moyens de transports, et dénuée de toutes les ressources
que présente une population, ces abatis resteront sur le
terrain, parce que les terres basses et fangeuses qui bordent les mers de la Guiane jusqu'à une grande distance,
en rendront l'enlèvement impossible. Ils serviront d'asile
à des reptiles et à des animaux féroces de toutes les espè-
ces, et le sol, au lieu de s'assainir, deviendra alors plus
insalubre et plus difficile à peupler. Ce n'est que par des
degrés bien mesurés que les hommes peuvent faire des
conquêtes sur le sol de la Guiane qui est très-différent de
celui de la Nouvelle-Hollande, quoique le climat de ce dernier pays ne soit pas non plus fort salubre.

Au port Jackson, à Sydney, il paraît que les déportés
anglais font chez les propriétaires et chez les planteurs les
mêmes travaux que les nègres dans les autres colonies. Le
régime auquel ils sont soumis, va incessamment être connu,
et l'arrivée de l'*Astrolabe* à Sydney nous donne l'espérance
d'avoir des détails circonstanciés sur la législation et l'administration de cette colonie. L'on saura si ses lois pourront s'appliquer aux déportés que nous enverrons à la
Guiane : c'est ce qui est assez douteux , parce que nos déportés, généralement parlant, exigeront une police plus
sévère, que les déportés anglais. Nous en avons donné les
raisons qui sont puisées dans la différence des deux lé-
gislations anglaise et française. Il est probable qu'un code
particulier sera nécessaire pour régir nos déportés qui,
si l'on adopte la mesure de la déportation volontaire, devront être divisés en deux classes principales, celle des déportés volontaires et celle des déportés forcés. Nous en
parlerons au quatrième chapitre.

CHAPITRE PREMIER.

La surveillance que l'autorité exerce sur les forçats libérés, se borne aux mesures suivantes : lorsqu'un forçat est
arrivé au terme de sa peine, on lui donne une feuille de
route, et l'on envoie son congé au lieu de sa destination,
où il le reçoit à son arrivée, en échange de sa feuille de
route. Le libéré reste en surveillance au lieu de son domicile, c'est-à-dire qu'il ne peut le quitter sans une autorisation ministérielle. Or, la nécesssité l'oblige souvent à
demander cette autorisation, attendu qu'étant connu dans
le lieu où il réside, il n'a d'ouvrage que lorsque les autres
ouvriers en ont plus qu'ils n'en peuvent faire. Mais la permission de changer de domicile, ne s'obtient qu'avec une
extrême difficulté. La demande du libéré passe du maire
au sous-préfet, de celui-ci au préfet, et du préfet au ministre qui répond ordinairement qu'il faut s'informer si
la commune où le libéré veut se rendre, est disposée à le
recevoir. La réponse à cette demande est presque toujours
négative. Pendant toutes ces longueurs, le malheureux libéré meurt de faim, et finit par quitter le pays sans autorisation. Alors rien ne le retient plus; et il résulte de là,
qu'un grand nombre de libérés qui se dérobent forcément
à la surveillance de l'autorité, se livrent au crime de nouveau, même après avoir pris la résolution d'y renoncer,
dans les premiers jours de leur libération. Les signalemens
de ces vagabonds sont envoyés aux sous-préfets et à la gendarmerie qui a bien de la peine à en attraper quelques-
uns, et la France se couvre ainsi de forçats libérés, dont
chaque année 150 à 200 viennent figurer de nouveau dans
les cours d'assises.

Les sous-préfets, dira-t-on, sont investis d'un pouvoir
discrétionnaire qui les autorise à faire arrêter et à détenir

en prison, pour un temps illimité et indéfini, tout forçat libéré qui se sera soustrait à leur surveillance. Mais où est la
loi qui donne à des administrateurs une autorité qui ne
peut appartenir qu'aux tribunaux? Les forçats libérés ne
vivent-ils pas sous l'empire des lois, comme les autres hommes? Ils ne doivent donc pas être soumis à une détention
arbitraire. Les droits de l'autorité administrative se bor-
nent à de simples mesures de police; aucune arrestation
ne peut être indéfinie; et c'est aux tribunaux seuls qu'ap-
partient le droit de décider de la liberté d'un homme,
quel qu'il soit. D'ailleurs un jugement légal produira toujours un effet beaucoup plus avantageux, qu'un ordre
émané d'un membre de l'administration dont les attribu-
tions diffèrent essentiellement de celles judiciaires. Aussi
cette autorité donnée aux sous-préfets est nulle de droit,
comme d'effet; car il en est peu qui en fassent usage, attendu surtout la difficulté d'atteindre les forçats libérés
en état de vagabondage.

Ces diverses mesures sont toutes évidemment insuffisantes, et les formalités prescrites pour les changemens de
domicile présentent même des inconvéniens. Voici ce que
nous nous proposons d'ajouter aux unes et de changer aux
autres, dans le double intérêt de la société et des forçats
libérés.

1° Tout forçat libéré arrivé au lieu de sa destination,
sera tenu de se présenter exactement les 15 et les 30 de
chaque mois à la mairie de la commune où il réside, et
d'y déclarer jour par jour tous les lieux qu'il aura habités
pendant la quinzaine. Cette déclaration sera inscrite sur
un registre qui sera ouvert à cet effet partout où il y aura
des forçats libérés.

2° L'officier de gendarmerie et le commissaire de police
de chaque arrondissement prendront communication toutes les quinzaines des déclarations inscrites au registre de
surveillance, relèveront celles dont le hasard ou quelque

circonstance particulière leur ferait reconnaître la fausseté, et prendront note des mutations, pour faire sans délai les premières poursuites convenables lors de la disparition d'un libéré de l'arrondissement.

3º Pour empêcher la confusion dans les feuilles de signalement qui s'accumulent chez les commissaires de police, et qu'il faut parcourir en totalité à chaque recherche qu'on est obligé d'y faire, les commissaires de police seront tenus d'établir un registre par ordre alphabétique sur lequel ils inscriront les noms portés aux feuilles de signalement, à mesure qu'elles leur parviendront, avec un numéro de renvoi à la feuille à laquelle chaque nom appartiendra. Ce registre rendra les recherches plus sûres et plus faciles, indiquera les signalemens répétés dans les feuilles, et rendra celles-ci d'une utilité beaucoup plus réelle.

4º Le changement de domicile d'un libéré n'exigera à l'avenir d'autre formalité que celle de la demande d'une feuille de route qui sera accordée sans difficulté, mais sans indemnité, par le sous-préfet, sauf cependant le cas de refus pour suspicion tel, par exemple, que celui où un crime dont les auteurs seraient inconnus, aurait été commis dans un rayon de douze à quinze lieues. Cette feuille de route devra être visée par les maires ou commissaires de police jour par jour jusqu'à la destination. L'avis de l'arrivée du libéré porteur de la feuille de route, devra de suite être envoyé à la sous-préfecture où la feuille a été délivrée, et y être rendu dans un délai calculé sur la longueur du chemin que le libéré aura eu à faire. Si une maladie le retient quelque temps dans un hospice, l'économe donnera avis, sous sa responsabilité, au sous-préfet de l'arrondissement dont est émanée la feuille de route, tant de l'entrée que de la sortie du libéré, à moins que le séjour de celui-ci dans l'hospice ne soit moindre d'une semaine, cas auquel un seul avis suffira. Le libéré arrivé à sa nouvelle destination, sera tenu de rendre compte de sa personne de quinzaine en quinzaine, comme dans son premier domicile, et cette obligation continuera toute la vie pour tous les libérés.

Si la surveillance à laquelle nous proposons de soumettre les libérés est longue et sévère, elle doit être accompagnée d'une sage discrétion sur la condition des individus. Les faire connaître pour ce qu'ils sont, serait leur ôter tout moyen de travailler et par conséquent de se bien conduire Le passage suivant du *Constitutionnel* du premier juillet 1827, où il rend compte d'un procès relatif à un forçat libéré, prouvera quelle est la discrétion des tribunaux à l'égard des libérés qui se conduisent bien.

« On s'attendait à voir figurer dans ces débats comme » témoins, les forçats libérés qui ont déclaré reconnaître » Benare pour un de leurs camarades et parmi lesquels se » trouvent trois agens de police; mais quelques-uns d'en- » tre eux sont devenus des ouvriers honnêtes et laborieux, » et la publicité de l'audience leur aurait ôté peut-être » leur état et la confiance dont ils jouissent. M. le prési- » dent s'est borné à lire leurs dépositions. »

Ce fait suffit pour démontrer la convenance du secret que les autorités doivent garder sur l'état des libérés soumis à leur surveillance; il prouve en même temps qu'il serait injuste et inhumain d'ôter à tous les forçats l'espoir de ne rentrer jamais dans la société.

Lorsqu'un libéré se sera soustrait à la surveillance de l'autorité, en cessant de comparaître aux époques indiquées, il sera déclaré en état de vagabondage, et on prendra contre lui les mesures suivantes:

1º Son signalement sera publié par la voie des journaux, tant de la capitale que des départemens.

2º Il sera affiché à la porte des mairies de toutes les villes et chef-lieux d'arrondissement et de canton. Dans les communes rurales il sera publié les dimanches à l'issue de la messe paroissiale avec invitation aux habitans, s'ils ont connaissance de l'individu signalé, d'en faire la déclaration.

Les résultats d'une part, de la facilité accordée au libéré de circuler librement, pour le mettre à même de se procurer les moyens de s'établir en quelque lieu où il puisse vivre du produit de son travail; de l'autre, ceux de la sévérité des poursuites exercées contre lui, quand il lui arrivera de se soustraire à la surveillance de l'autorité, seront de le soumetire à cette alternative : ou de vivre sous cette surveillance pendant toute sa vie et de rester par conséquent inoffensif; ou d'être réduit à un état de vagabondage tel que, pour éviter d'être reconnu, il n'ait plus de refuge dans les lieux habités, et qu'il soit forcé, comme une bête féroce, à se cacher dans les bois et dans des retraites désertes et sauvages; ce qui rendra sa condition également périlleuse et misérable, et l'exposera à être arrêté beaucoup plus promptement qu'il ne peut l'être dans le système actuel de surveillance; système dont la nullité est évidemment nuisible au repos de la société.

CHAPITRE II.

Le forçat libéré qui s'est soustrait à la surveillance de l'autorité, doit nécessairement être considéré comme le plus dangereux des vagabonds, et c'est le cas ou jamais de s'en débarrasser par là déportation à vie. L'insuffisance de la loi actuelle sur le vagabondage, est démontrée depuis long-temps d'une manière incontestable. Cette loi n'établit aucune différence entre un forçat libéré vagabond, et tout autre individu qui souvent ne court le monde, que faute de moyens pour se fixer quelque part. Les six mois de prison maximum de la punition infligée par la loi, sont une peine sévère pour l'un, et ne sont rien pour l'autre. La législation criminelle laisse donc ici une lacune qu'il est

Dispositions nouvelles relatives au vagabondage des forçats libérés.

urgent de remplir. En punissant les vagabonds, elle a ou-
blié ceux qui doivent les premiers fixer son attention,
et contre lesquels il est nécessaire de prendre le plus de
précautions. Cet oubli est d'autant plus fâcheux, qu'il compromet la tranquillité publique au point que de toutes
parts un cri général s'élève (16) contre les excès des forçats
libérés, excès qui doivent être attribués surtout à ceux
qui sont en état de vagabondage.

De toutes les punitions, la plus convenable pour débarrasser la société d'une telle espèce de vagabonds, c'est
sans doute la déportation à vie. Elle leur sera d'autant
plus justement appliquée, qu'au moyen des facilités que
nous proposons d'accorder aux libérés pour les mettre à
même de trouver un lieu où ils puissent se fixer et se procurer des moyens d'existence, ils n'auront plus d'autre
raison pour se livrer au vagabondage, qu'une intention
bien confirmée de mal faire. Aujourd'hui les libérés vagabonds sont en quelque sorte excusables, à raison des difficultés presque invincibles qu'ils éprouvent pour obtenir
la permission de changer de domicile ; mais ils ne le seront
plus, dès que ces difficultés auront été levées, et lorsqu'au
lieu de profiter des moyens légaux et faciles qui seront
mis à leur disposition, ils préféreront se soustraire fraudu-
leusement à la juste surveillance à laquelle ils seront assu-
jettis. Quant à ceux qui s'y soumettront, ils devront nécessairement causer peu d'inquiétudes. On ne se plaint guère
des libérés qui ont un domicile fixe, qu'à raison de l'embarras qu'ils causent aux administrations municipales qui,
lorsque l'ouvrage manque à ces malheureux, sont souvent
dépourvues des moyens de leur en donner. La suppression
des ateliers de charité et des dépôts de mendicité a rendu
plus pénible cette pénurie de moyens, qui fera l'objet du
cinquième chapitre de ce Mémoire (17).

CHAPITRE III.

Si un forçat libéré en état de vagabondage est un homme dangereux, un forçat coupable d'un délit postérieur à sa libération, est beaucoup plus dangereux encore, car il est évidemment incorrigible. L'intention de mal faire, justement présumée dans le premier par sa désobéissance aux mesures de surveillance ordonnées, se trouve dans le second complétement réalisée. Or l'infraction à la loi qui condamne le crime, n'est assurément pas punissable d'une moindre peine, que l'infraction à la loi qui n'est destinée qu'à le prévenir. Par conséquent la déportation à vie qu'il est juste d'infliger au libéré coupable de vagabondage, sera plus justement encore infligée au libéré coupable de vol, par exemple, délit réel et positif, tandis que le vagabondage innocent en lui-même, n'est réellement un délit que par l'effet d'une loi préventive fondée sur les antécédens de celui qui y est soumis.

L'incorrigibilité sur laquelle nous avons motivé, au chapitre de la seconde catégorie, la déportation à vie des forçats qui ont subi ou deux condamnations, ou une condamnation supérieure au minimum des travaux forcés, est sans aucun doute aussi bien constatée dans l'homme qui, après avoir subi cette dernière peine, commet un nouveau délit, que dans celui qui après avoir subi une peine moindre, se rend coupable d'un délit qui le fait condamner aux travaux forcés. Dans celui-ci, la première punition étant faible, n'a pu faire une impression aussi profonde, que celle qu'aurait dû faire dans le second une punition beaucoup plus sévère : il est donc certain que le forçat libéré qui redevient coupable, ne doit pas être réputé moins pervers que le détenu libéré qui s'expose à être condamné aux travaux forcés.

De ce que le nouveau délit du forçat libéré soit moindre que celui de l'homme sortant de prison , on n'en peut pas conclure que le forçat libéré soit des deux coupables le moins dangereux ; au contraire, il l'est davantage. C'est un scélérat mieux instruit dans l'art du crime , et qui calcule le sien sur les dangers qu'il lui fait courir. Il n'y a pas à douter qu'à la première occasion que le forçat croira favorable pour échapper à ces dangers , il sera beaucoup plus hardi.

Plus les antécédens d'un coupable sont déshonorans , plus le législateur est obligé à prendre de précautions contre lui pour la garantie de la société. Or, celle-ci peut-elle avoir un ennemi plus déclaré que le forçat libéré, qui oubliant le châtiment terrible dont il devait conserver un souvenir ineffaçable, continue envers elle ses attentats ?

D'un autre côté, le séjour d'un forçat libéré dans une prison, et surtout dans une maison de réclusion , est un abus évident contre lequel on ne peut trop réclamer. La présence d'un tel individu au milieu d'autres détenus est un poison contagieux, dont l'effet est encore plus funeste, que celui qui résulte du mélange actuel de tous les forçats. C'est un fait incontestable, que l'immoralité doit être moindre dans une maison de réclusion que dans un bagne, puisque les délits des réclus ne sont pas généralement aussi infamans que ceux des forçats. On doit donc éviter soigneusement d'augmenter cette immoralité en introduisant dans les maisons de réclusion des hommes incorrigibles, tels que des forçats libérés coupables de nouveaux délits.

Le forçat a des droits à la pitié quand il sort de son bagne, parce que l'on peut supposer que les leçons du malheur, quoique méritées, l'auront corrigé de ses erreurs : mais il perd tous ses droits du jour où il rentre dans la carrière du crime. On peut alors le regarder comme une bête féroce qu'il est impossible d'apprivoiser. Ce n'est plus un coupable ordinaire , et la déportation à vie

est le minimum des peines qu'on peut lui appliquer tant
pour le punir, que pour mettre la société à couvert des
dangereux effets de son incorrigible perversité.

CHAPITRE IV.

L'efficacité des mesures proposées aux trois chapitres
précédens n'a pas besoin d'être appuyée par de longs rai-
sonnemens, et nous n'en releverons qu'un seul avantage :
c'est que les effets de ces mesures seront immédiats, et que
sans avoir l'injustice d'une loi rétroactive , ils en auront
toute la vigueur. Les forçats libérés verront s'opérer tout
à coup dans leur position un changement qui leur ôtera
tout espoir d'échapper à la main de l'autorité ; ils verront
qu'au premier pas qu'ils feront, soit pour se soustraire à la
surveillance établie, soit pour renouveler leurs délits, ils
retomberont sous cette main pour le reste de leur vie. Les
forçats même qui sont dans les fers, se prépareront d'a-
vance à l'idée d'une déportation presque inévitable, s'ils ne
se sentent pas assez d'empire sur eux-mêmes pour renoncer
entièrement à leurs vicieuses habitudes ; et faisant vertu de
la nécessité, ils regarderont la déportation comme une nouvelle carrière qui leur présente un plus heureux avenir,
que celui qu'ils pourront désormais espérer dans une patrie
où ils resteront soumis à une police sévère, et placés par
les lois dans une classe séparée de tous les autres hommes.

Lorsque l'on considère combien la position d'un forçat
libéré est malheureuse, et combien elle le sera long-temps
jusqu'au moment encore très-éloigné où il n'existera d'autres libérés que ceux sortant de la troisième catégorie et de
la deuxième section de la deuxième, époque à laquelle cette
position sera nécessairement adoucie, on reste incertain si
la déportation ne doit pas être regardée par le libéré moins
comme une peine que comme un bienfait : l'intérêt qu'il

Déportation volontaire.

5

pourrait avoir à rester au milieu d'une société qui le repousse, et où il est plongé dans l'avilissement et la misère,
serait mal entendu, et s'il a conservé une ombre de raison,
il doit préférer une patrie nouvelle où il jouira d'une égalité qui lui sera d'autant plus douce, que partout ailleurs il
se trouve le dernier des hommes. Il y obtiendra même une
sorte de supériorité, s'il est *déporté volontaire;* attendu
qu'il sera juste de lui accorder quelques avantages sur le
forçat qui aura été déporté forcément.

Ces avantages seront:

Division des déportés en 2 classes, la 1re de déportés volontaires, la 2e de déportés forcés.

1° La division des déportés en deux classes, dont la première sera composée des déportés volontaires auxquels on
accordera la jouissance d'une liberté pleine et entière, tandis que la seconde classe composée des déportés forcés, sera
dans la dépendance absolue du gouvernement, et soumise à
ses ordres pour tous les travaux qu'il jugera à propos de
lui faire exécuter, jusqu'au moment fixé pour la libération
de chacun des individus qui la composeront.

2° L'on accordera à chaque déporté de la 1re classe cinq
arpens de terre en propriété; tandis que la terre donnée
aux individus de la seconde classe, ne le sera qu'en usu-
fruit. Cette terre étant très-fertile, fournira abondamment
aux besoins de ceux qui la cultiveront, puisqu'elle produit
deux récoltes par année.

3° Les instrumens pour défricher la terre et la cultiver,
les outils pour construire une cabane et fabriquer les
ustensiles nécessaires à la vie, seront donnés en propriété
à la première classe, et seulement remis à la deuxième, à
la charge d'en rendre compte.

4° Les hommes de la 1re classe qui voudront se marier,
auront le choix des femmes qu'on enverra dans la colonie,
3 ans après son établissement.

5° Ils auront également droit à la préférence pour la
garde et la tenue des bestiaux qu'on placera dans les pâturages de la colonie pour le compte du gouvernement. Une

part leur sera donnée dans les produits de ces bestiaux, dir laitage desquels ils jouiront, et la nourriture de cette part ne leur coûtera rien, les savanes étant très-riches en herbages. Ainsi les colons pâtres se trouveront en peu de temps dans une position aussi aisée que des fermiers propriétaires.

6° Enfin, les libérés qui se présenteront pour être déportés volontaires, recevront une feuille de route avec le logement et l'indemnité de 15 centimes par lieue, pour se rendre au dépôt qui sera établi soit à Rochefort, soit dans tout autre port destiné pour l'embarquement. En attendant l'époque du départ, ils seront placés dans un local séparé des déportés forcés, et recevront la paie et les vivres du soldat. Pendant la traversée ils seront nourris comme la troupe, et à leur arrivée on leur distribuera les terres, les semences; les instrumens aratoires et tous les outils nécessaires; on leur donnera des vivres régulièrement jusqu'à ce que les produits des récoltes leur aient fourni des moyens d'existence bien assurés; de plus on leur accordera une protection spéciale en toute occasion.

Ces divers avantages sont importans. On les fera valoir en les accompagnant de quelques renseignemens intéressans sur le pays et sur le choix du lieu où l'on établira la colonie. On pourra désigner quelque site bien situé sur la rivière de Synnamary à 6 lieues de l'île de Cayenne, et on ne négligera pas de faire remarquer combien le voisinage d'une colonie ancienne et bien peuplée, sera utile pour procurer aux colons toutes les ressources dont ils pourront avoir besoin, indépendamment des soins que l'on prendra pour les mettre en état de se procurer une existence aisée par leur travail. Pour encourager davantage les forçats libérés à profiter des offres qui leur sont faites, on les instruira qu'une colonie du même genre que celle qu'on veut établir, existe déjà depuis plusieurs années dans les possessions anglaises, et que les heureux résultats de son établissement

5*

sont d'un bon augure et même une sorte de garantie pour la prospérité de la colonie de forçats que le gouvernement veut fonder à la Guiane.

Il y a tout lieu d'espérer qu'après avoir préparé l'esprit des forçats libérés à une déportation forcée presque inévitable par suite de l'adoption des mesures proposées aux trois chapitres précédens, la déportation volontaire accompagnée des avantages ci-dessus détaillés et qui ne sont point illusoires, mais bien réels, paraîtra à beaucoup de libérés une ressource qui n'est point à dédaigner; surtout si l'offre en est faite chaque année, comme nous l'avons dit, pendant l'hiver, saison dans laquelle le manque de travail et le besoin se font le plus vivement sentir, et où l'on est par conséquent plus disposé à subir le joug impérieux de la nécessité.

Forçats non-libérés admis à la déportation volontaire. En portant de 5 à 600 hommes le nombre des déportés, tant volontaires que forcés qui devront commencer l'établissement de la colonie (18). On pourra compléter ce qui manquerait au nombre fixé, par des forçats de la deuxième catégorie auxquels on offrira la remise de la moitié de leur peine, et par des forçats de la troisième auxquels on la remettra tout entière. La seule condition que l'on mettra à ces remises, c'est que ceux auxquels on les accordera, ne passeront à la première classe qu'à l'expiration du temps qui leur sera resté à faire pour arriver au terme de leur peine.

Observations sur les bases qui doivent servir de fondement à l'organisation de la colonie. La division des déportés en deux classes; la première, composée des déportés volontaires, et la deuxième, des déportés forcés, nous paraît être la base sur laquelle devra reposer l'organisation de la colonie. En effet, en soumettant les déportés de la deuxième classe à des travaux publics de défrichement de terrains et d'exploitation de forêts, etc., on remplacerait les travaux forcés de nos bagnes; et lorsque le terme fixé pour la punition d'un déporté serait expiré, il recevrait sa libération, sans quitter ou en quittant la colonie. Cette manière d'employer et de classer les déportés, établirait dans la peine de la déportation des graduations qui pourraient rendre inutiles en France les travaux forcés, et résoudre ainsi la partie de la question relative au remplacement de la peine.

Comme nous avons contesté la possibilité d'effectuer ce remplacement d'une manière suffisante et complète, nous ajouterons ici à ce que nous avons déjà dit sur cet article, quelques raisons nouvelles qui nous font persister dans notre opinion.

La première est qu'avant de détruire ce qui existe, il faut établir ce qui doit remplacer. Or, la colonie n'existe encore qu'en projet, et demandera nécessairement un temps quelconque pour prendre un certain accroissement. Il faut vaincre les premiers obstacles qu'opposeront le sol et le climat, avant de prendre un parti décisif sur la grande question de la suppression totale des travaux forcés dans les bagnes.

Pour effectuer cette suppression, on serait obligé de déporter les condamnés aux travaux forcés à perpétuité; et comme nous avons déjà démontré que ce serait s'exposer à tout perdre, que de mêler ces déportés avec les autres; il faudrait en former une colonie séparée et sans aucune communication, ce qui serait fort difficile. On serait dans la nécessité de la placer dans un cul-de-sac, un impasse, tel, par exemple, qu'un terrain situé entre deux rivières qui auraient leur embouchure dans la mer, et dont de vastes forêts rempliraient l'intervalle en remontant vers leurs sources. Il faudrait abandonner ces hommes à eux-mêmes, en se contentant de leur donner des vivres avec des outils pour défricher la terre et abattre des arbres; et l'on ne pourrait se dispenser de leur laisser quelques armes pour se défendre contre les bêtes féroces.

Mais ceux de ces forçats qui sauraient nager, passeraient les rivières; ceux qui sauraient manier la hache, construi-

raient des barques et des canots , et cette race de scélérats
cesserait bientôt d'être contenue dans les limites qui lui
auraient été assignées. On serait peut-être dans la nécessité
dé leur donner la chasse pour les empêcher de venir rapi-
ner les autres déportés leurs voisins.

Quant à ceux-ci , la communication des condamnés au
maximum de la peine à temps, avec ceux condamnés à
son minimum , aurait nécessairement lieu : elle ferait
perdre les avantages qu'on a droit d'attendre de l'établissement des catégories, d'après lequel on ne déporterait que
la seconde qui ainsi ne pourrait corrompre la troisième.

Au lieu de former deux ou trois colonies différentes ,
on proposera peut-être d'enfermer les forçats par catégories , comme des nègres, dans des habitations, en laissant la
liberté seulement aux déportés de première classe. Ce projet pourrait être bon , mais pour l'avenir, et non pour le
moment présent. Avant de l'exécuter, il faut d'abord que
la colonie compte quelques années d'existence, et que son
établissement soit bien assuré. Il faut aussi que les habitations destinées aux déportés forcés ne constituent pas à
elles seules toute la colonie , et qu'elles soient encore pro-
tégées par des forces suffisantes pour faire travailler des
hommes plus disposés à la rébellion qu'à l'obéissance. Il
est donc indispensable de laisser à la colonie le temps
d'arriver au point d'accroissement nécessaire à l'exécution
d'un tel projet (19).

Il n'est pas inutile d'observer que les forçats libérés qui
se feront condamner comme vagabonds, ne devront pas
entrer dans cette deuxième classe, attendu que la déportation simple suffira pour les punir. Il en sera de même
pour les libérés condamnés à la simple déportation pour
incorrigibilité , et dont les délits n'auront pas mérité une
peine plus grave. Ces déportés formeraient donc une classe
intermédiaire entre la première et la seconde. Et quant aux
libérés qui s'étant soumis à la déportation volontaire, for-

meront la première classe, seront-ils confondus avec les
autres déportés, ou les placera-t-on à part comme une troisième colonie ? c'est encore une question à décider.

Il convient aussi de connaître quel serait dès le principe l'effectif des deux classes de déportés volontaires et
de déportés forcés.

On doit prendre pour base de celui de la seconde le ta-
bleau statistique des jugemens de l'année 1826 qui est de
1420 pour les condamnés aux travaux forcés.

A cet effectif il faudra joindre peut-être 600 libérés qui
dans le cours d'une année pourront être condamnés à la
déportation pour vagabondage et incorrigibilité. Il est même
probable que le nombre eu sera plus grand la première
année ; mais il y aura nécessairement beaucoup de contu-
maces au moment où les mesures nouvelles de surveillance
seront mises en vigueur.

Quant à l'effectif de la première classe, il est fort possible qu'il se compose de 500 forçats tant libérés que non libérés, attendu que si les libérés se soumettront difficilement peut-être à la déportation volontaire, il est probable
que les non libérés seront beaucoup plus disposés à accepter les conditions avantageuses qui leur seront offertes, et
qu'il est à propos de leur offrir, pour diminuer leur nombre
qui monte à 7,372 forçats à libérer.

L'on aurait donc ainsi 2,520 forçats à déporter dès la
première année, dont 1,420 nouveaux et 1,100 anciens.
Les années suivantes, l'on en aurait à peu près autant,
jusqu'à l'épuisement total des 4,300 libérés existans et des
7,372 forçats qui sont à libérer. Enfin il faudrait joindre
encore à ces 2,500 hommes 1,843 forçats à perpétuité que
nous avons estimés former le cinquième des 9,215 forçats
existans actuellement dans les bagnes, ce qui pour la première année formerait un total de 4,343 déportés.

Nous croyons que la déportation établie dès son principe

sur des bases aussi étendues, et qui, dans l'espace des cinq
premières années, produiraient un effectif de 7,343 anciens
forçats, à raison de 1,100 par année avec les 1,843
forçats à perpétuité, et de 7,100 nouveaux, à raison
de 1,420 par année, formant au total 14,443 déportés,
serait d'une dépense très-considérable et à laquelle le gouvernement accéderait d'autant plus difficilement, qu'elle
entraînerait l'envoi d'une quantité de troupes proportionnée, qui jointe aux diverses administrations et autres accessoires nécessaires à l'établissement d'une colonie, formerait un effectif total de 19 à 20,000 hommes. Il est évident
qu'en se bornant aux seuls déportés, leur nombre excéde-
rait déjà toutes les proportions à garder, tant pour le dé-
veloppement successif de la colonie, que pour l'établissement de l'ordre et de la police si essentiels à maintenir
parmi des individus qui, comme les forçats, diffèrent tant
des autres hommes par leurs habitudes et leurs mœurs.
La prudence ne permet pas d'en réunir tout à coup un
si grand nombre ; elle exige, au contraire, que l'on fasse
des essais de colonisation beaucoup plus bornés, sauf à les
étendre ensuite à mesure qu'ils prospéreront.

En attendant, nous conclurons qu'un plan de remplacement absolu des travaux forcés par la déportation, ne
peut, dans ce moment, être appuyé que sur des données
vagues et sans solidité. Il faut attendre des premiers pro-
grès d'une colonie formée avec sagesse, une expérience
sans laquelle on ne peut rien fixer de certain, rien arrêter
de raisonnable. C'est à elle que nous en appelons pour juger tous les plans qui seront fondés sur la suppression absolue des travaux forcés.

L'emploi de la déportation volontaire étant continué
pendant quelques années, on parviendra à évacuer peu à
peu les bagnes, sinon entièrement, au moins en grande
partie, des anciens forçats qu'autrement on ne peut éviter
de libérer. La perspective qui les attend dans la société, est

si effrayante que, parmi ceux que l'âge a rendus plus sen-
sés, il se trouve des forçats (qui le croirait?) qui refusent
de sortir de leur bagne, et préfèrent leur sort, tout malheureux qu'il est, à celui qui leur est préparé à leur libération. Au surplus, on ne trompera point les déportés volontaires par des avantages mensongers, en leur annonçant qu'ils pourront vivre heureux à la Guiane. L'exemple
déja cité des familles établies sur les bords de la Mana, suffit pour le prouver : et il n'est pas un forçat, s'il est un
peu raisonnable, qui doive hésiter entre ces avantages, et
le genre de vie auquel il est condamné en restant dans sa
patrie. Nous ne parlerons pas de l'insalubrité du climat :
elle n'est point telle qu'on le croit communément (20).
Elle n'arrêtera pas les libérés qui sentiront tout le poids
des mesures de surveillance et des lois sur le vagabondage
et l'incorrigibilité qui peseront sur eux. Il est probable
qu'elle arrêtera encore moins les forçats qui auront plusieurs années à passer dans les fers : il est certain d'ailleurs
que cette insalubrité aura un effet beaucoup moindre sur
des hommes comme eux, habitués à une vie extrêmement
dure et frugale, que sur tout autre individu, quel qu'il puisse
être.

CHAPITRE V.

La déportation volontaire des forçats non libérés ne devra être permise que pendant le temps nécessaire pour
évacuer les bagnes des anciens forçats actuellement y existans. Cette mesure doit se borner là, et les nouveaux forçats ne devront pas être compris dans une disposition que
l'on ne prend à l'égard des anciens, que pour purger la
société d'hommes qu'autrement elle serait obligée de recevoir dans son sein ; mais il n'en est pas de même en ce qui
concerne les forçats libérés, la déportation volontaire

pourra continuer d'être offerte aux nouveaux, comme aux anciens. Quelque réduit que sera à l'avenir le nombre des libérés; quelles que soient les garanties qu'ils pourront donner à la société, il y aura toujours un avantage certain à diminuer leur nombre le plus possible, et la déportation volontaire est propre à remplir ce but encore plus efficacement que les pionniers.

Ateliers de travaux d'utilité publique extraordinⁱⁿⁱ. Comme toutefois on ne peut espérer raisonnablement de se débarrasser par la déportation, soit volontaire soit forcée, de tous les forçats libérés anciens et nouveaux; que d'ailleurs la rentrée dans la société des anciens forçats qui seront successivement libérés, laissera pendant long-temps à sa charge un nombre de libérés assez considérable, et qui ne diminuera d'une manière sensible qu'après l'entière libération de tous les anciens forçats, il sera convenable d'établir quelques grands ateliers de travaux publics, auxquels on puisse employer ceux des libérés dont on sera embarrassé; et il ne nous sera pas difficile de prouver que l'utilité, ou plutôt la nécessité des travaux que nous allons indiquer, n'est pas moindre que ne l'est celle de donner de l'occupation aux hommes que nous voulons destiner à ces mêmes travaux.

Inondations. Nous commencerons par ceux qui sont, nous ne dirons pas les plus pressans, mais par ceux qui sont indispensables. Ce sont les travaux à faire pour mettre en sûreté tant de malheureux pays qui à des époques plus ou moins rapprochées sont ravagés par des inondations. Cette année la Garonne est sortie de son lit, ainsi que plusieurs autres rivières voisines, et les dommages causés par leurs débordemens ont été très-considérables. Mais ces désastres ne sont rien quand on les compare à ceux que le Rhône a causés tout nouvellement à Avignon et qui montent à plusieurs millions. Les départemens du Gard et de Vaucluse auront long-temps à gémir, disent les nouvelles, des pertes qu'ils ont éprouvées. On cite trois ou quatre petites villes qui

perdent chacune un million et davantage (21). L'Ardèche,
petite rivière, a causé des ravages effrayans et a ruiné plus ou
moins toutes les propriétés qui bordent ses rives. Lyon,
Vienne ont été inondés. L'Isère, d'un autre côté, a causé
de vastes dégâts; mais en est-il un plus affreux que la ruine
du village de Goncelin, aux environs de Grenoble, qui
a été emporté en entier avec perte de plus de cent personnes? Peut-on rien voir de plus déplorable? nous ne ci-
terons pas beaucoup d'autres accidens semblables qui se
répètent tantôt sur un point et tantôt sur un autre, et
qui désolent alternativement les plus belles contrées de la
France. Jusqu'à présent on n'a pris aucun moyen pour
empêcher le retour de ces événemens dévastateurs, parce
qu'ordinairement ils n'ont pas lieu dans les mêmes en-
droits chaque année, et qu'ils changent souvent de théâtre. L'on supporte volontairement des pertes immenses,
et l'on court de grands dangers que l'on pourrait prévenir, mais que l'on néglige, parce qu'ils sont acciden-
tels, et qu'ils ne se renouvellent pas régulièrement. On
y porterait remède, si les travaux à faire étaient plus considérables, parce qu'ils paraîtraient d'un intérêt plus pressant. Comment croire, par exemple, qu'une ville comme
Lyon, s'expose à voir ses chevaux noyés dans ses écuries,
faute d'un quai un peu plus élevé que celui qui borde le
Rhône sur la place des Brotteaux ? Chose singulière véritablement! les pays étrangers qui, par leur position basse
inférieure au niveau des eaux, seraient exposés à des inondations inévitables, sont mis à couvert par des digues et
des canaux; tandis qu'en France on ne fait pas le moindre ouvrage pour protéger des localités qui ne sont exposées qu'à des inondations passagères, auxquelles on pourrait s'opposer par des travaux moins dispendieux.

En Italie, le Pô, non moins terrible que le Rhône, cou-
vrirait chaque année le duché de Ferrare et toute la Po-
lésine, s'il n'était maintenu par des digues. Personne

n'ignore que la Hollande est au-dessous du niveau de la
mer : de vastes contrées exposées aux inondations , en
sont garanties, pendant que le plus beau royaume de l'Eu-
rope et le plus favorablement situé, donne tous les ans le
spectacle de scènes affligeantes causées par les débordemens (22).

Il n'y a aucun doute cependant que l'on pourrait se
préserver des inondations, soit par des digues placées dans
des lieux dont la surface n'est pas suffisamment élevée
au-dessus du lit des rivières qui les traversent et qui les
inondent lorsqu'un orage violent vient grossir leurs eaux,,
soit par des canaux qui serviraient de déversoirs aux grandes eaux, et leur donneraient un autre écoulement que
des champs cultivés et des habitations. S'il est vrai qu'il
vaut mieux prévenir le mal , que le réparer, les sommes
que l'on emploie à donner des secours aux malheureuses
victimes des inondations , seraient assurément encore
mieux employées à élever les digues et à creuser les canaux
qui préviendraient ces inondations. Il est certain que les
pays qui sont ravagés par les eaux gagneraient beaucoup à
ce que des travaux fussent entrepris pour les en préserver,
lors même qu'ils devraient supporter les dépenses de ces
travaux ; mais de telles entreprises ne peuvent être com-
mencées par de simples particuliers. C'est aux autorités
locales à les proposer, et au gouvernement d'en prendre, à
leur défaut, l'initiative : lui seul a à sa disposition les ingénieurs nécessaires pour faire reconnaître le cours des rivières et des torrens , les causes des débordemens produits
par un lit trop étroit ou obstrué par quelques obstacles ,
et les travaux à faire pour y rémédier. Ces travaux faits
par les soins du gouvernement (23) ouvriraient un vaste
débouché pour occuper les forçats libérés qui sont sans ouvrage; on en délivrerait les départemens qui en sont em-
barrassés ; on viendrait au secours des pays exposés aux
ravages des eaux, et qui paieraient volontiers les ouvriers

qui les en garantiraient ; enfin l'on sauverait de la misère
et du crime une foule de malheureux libérés. Ainsi, dans
une seule opération, on rendrait un triple service à la société (24).

S'il serait utile et nécessaire de prévenir les inondations, **Marais.**
il ne le serait pas moins de dessécher les marais dont les
exhalaisons pestilentielles sont pour les habitans un fléau
aussi dangereux que celui des débordemens.

Dans un ouvrage intitulé l'*Histoire des Marais*, par
M. deMonfalcon, les marais de la France sont décrits avec
détails. La Bresse, les environs de Laon et de Soissons, la
Brenne, la Sologne et le Forez ont fourni à l'auteur un
grand nombre d'observations sur l'insalubrité de l'air pro-
venant du *mauvais emploi du sol* (25). La Brenne surtout,
petite partie du département de l'Indre, couverte d'étangs
sans écoulement, et dont les eaux sont remplies en tout
temps de matières animales et végétales en putréfaction,
semble placée au milieu de la France pour l'instruction
de ceux qui n'ont pas renoncé au pernicieux système des
étangs. « L'habitant de ces tristes lieux, dit l'auteur,
» souffre dès sa naissance, et montre pendant les premiers
» jours de sa vie la profonde empreinte de l'insalubrité du
» climat. Il n'est pas rare de voir des hommes et des femmes
» de 30 à 40 ans mariés pour la troisième et quatrième fois.
» Trois frères nommés Dupont, dont l'un est veuf, ont
» épousé quinze femmes... Des fièvres infestent régulière-
» ment chaque année plusieurs postes militaires de la Corse,
» entre autres le petit port de Saint-Florent, qu'avoisine
» un marais pernicieux de 72 arpens. » (*Revue Encyclopédique.*)

A ces citations d'un ouvrage qui a été jugé excellent,
on peut ajouter que tous les ans les marais de Berg rem-
plissent de malades l'hôpital militaire de Dunkerque, et
que ceux de Rochefort rendent le séjour de cette ville
fort malsain.

Routes nou-
velles.

Sous le gouvernement impérial on avait projeté et même
commencé le tracé d'une route qui, devant traverser l'Auvergne dans toute sa longueur, aurait été très-utile pour
abréger les communications avec l'Espagne et même avec
le midi de la France. Cette route eût été une source de richesses pour l'Auvergne, province pauvre, sans débou-
chés et presque impraticable pendant l'hiver ; mais cette
entreprise importante a été abandonnée par suite des événemens de 1812 et des années suivantes.

Canaux.

Divers projets ont été faits pour défricher les landes (26)
de Bordeaux. Le conseil général du département de la Gi-
ronde a émis à l'unanimité le vœu « que le gouvernement
» voulût bien ordonner l'exécution des travaux du canal de
» jonction de la Garonne à l'Adour, par les Landes, comme
» l'unique moyen de faire prospérer un pays inculte et in-
» habité à cause du manque de communications ». Voilà
donc encore un travail utile à faire. Malheureusement les
frais d'exécution de toute espèce de travaux publics sont
énormes par la manière dont on les entreprend. Ce sont
toujours des compagnies qui en sont chargées et qui spé-
culent sur ces constructions pour acquérir des richesses. Ce
n'est pas ainsi qu'en agissaient les Romains dont les travaux gigantesques excitent encore aujourd'hui l'admira-
tion. Ils y employaient les esclaves faits chez les nations vain-
cues. Au lieu d'esclaves n'avons-nous pas les forçats ? Les
libérés qui manquent d'ouvrage et de pain ne serefuseraient
certainement pas à des travaux qui leur donneraient des
moyens d'existence. Il ne serait pas difficile d'en réunir
quelques centaines des plus nécessiteux auxquels on don-
nerait les vivres et quelque argent. On les ferait baraquer
militairement, et on les soumettrait à des appels. Ceux qui
y manqueraient, après avoir pris part volontairement aux
travaux, seraient réputés vagabonds. Une compagnie d'in-
fanterie et quelques ingénieurs suffiraient pour diriger et
surveiller 7 à 800 travailleurs.

Dans le moment actuel la France se couvre partout de
canaux dont l'entreprise, d'après le mode contre lequel
nous réclamons, a été confiée à des compagnies. Pourquoi
donc le gouvernement n'essaierait-il pas de faire construire
un canal pour son propre compte? Outre celui des Landes,
il y a le canal de Provence dont les plans et devis viennent d'être approuvés. Il y a encore le canal latéral de
l'Allier dont l'utilité est incontestable (27). Ce ne sont pas
les ouvriers qui coûteront cher au gouvernement ; il a à sa
disposition des milliers de forçats libérés qu'il pourrait employer au plus bas prix, et des hommes habiles à sa solde
pour diriger l'emploi de ces ouvriers. S'il ne veut pas les
faire travailler pour son compte, il peut au moins imposer
aux entrepreneurs l'obligation de les occuper ; mais des
constructions faites par des forçats et conduites par des ingénieurs civils ou militaires, devraient nécessairement être
beaucoup plus économiques, que si elles étaient exécutées
par des entreprises auxquelles on paie à grands frais les ouvriers et surtout les ingénieurs. C'est un essai à faire, et dont
le succès cesserait bientôt d'être douteux, si le gouvernement mettait à la tête des travaux, soit d'un canal, soit
d'une digue, soit d'une route, soit d'un marais, un ingénieur qui sentirait toute l'importance d'une telle commission et l'étendue du service qu'il rendrait à l'État en la
remplissant avec économie et désintéressement.

Il est donc démontré que les moyens ne manquent pas
pour employer utilement les forçats libérés ; il l'est également que sans s'écarter un instant des règles les plus exac-
tes de la justice, on peut diminuer de beaucoup la masse
des forçats libérés et à libérer. Les divers moyens proposés
pour atteindre ce double but, ne présentent aucune difficulté réelle ; et l'effet des uns et des autres sera assuré, du
moment où le gouvernement se sera décidé à les employer,

CHAPITRE VI.

Nous craindrions de laisser ici une lacune importante
dans l'examen de la question, si nous omettions de parler
des prisons pénitentiaires. Le régime de celles qui sont
établies à Lauzanne, mais surtout à Genève, nous paraît
admirable, et doit avoir les résultats les plus satisfaisans.
Il est à désirer qu'on en fasse l'essai dans nos maisons de
réclusion qui renferment un très-grand nombre de détenus
desquels on peut espérer le retour au bien, et qu'on doit
tenter de ramener dans le bon chemin par tous les moyens
de douceur possibles. Quant aux forçats, nous doutons que
la justice fût satisfaite, si on remplaçait leur peine par le
régime pénitentiaire. Ceux de la 1re catégorie surtout et
ceux même de la 1re section de la 2e, nous paraissent indignes de cette faveur. La 3e catégorie seule pourrait y prétendre ; l'établissement des bagnes de département serait
assurément très-favorable au régime pénitentiaire, et en fa-
ciliterait beaucoup le succès. Nous avons déjà exprimé notre
opinion sur cet avantage particulier à ces bagnes, dans la
note 8, relative au système cellulaire, à laquelle le lecteur
est prié de recourir (28.)

Quant aux forçats libérés, ceux d'entre eux qui retomberont sous la main de la justice ne méritent pas qu'on
essaie de les corriger par le système pénitentiaire. Cet essai doit se borner aux hommes seuls qui n'étant pas encore
pervertis, peuvent donner quelques espérances raisonna-
bles de conversion.

La commission de recours établie à Genève, et qui peut
abréger d'un tiers le terme de la peine sur le vu du registre de conduite journalière des détenus, est une institution qui nous paraît devoir faire beaucoup plus d'hypocrites que de véritables convertis. Elle peut aussi avoir un

autre inconvénient. également grave : c'est de diminuer
aux yeux d'un homme malintentionné, la crainte du châtiment qui l'attend, s'il commet le délit ou le crime qu'il
médite. Cet établissement n'est point d'ailleurs bien en
harmonie avec les exigences de la justice qui n'a pas
moins pour but de châtier le coupable, que de le corriger
Si l'on veut accorder des faveurs aux criminels, on ne doit
pas pour cela présenter ces faveurs comme pouvant être
obtenues à coup sûr; au contraire il doit toujours paraître
douteux qu'on puisse réussir à les obtenir; et c'est ce qu
existe dans notre législation où les grâces dépendent uniquement de la clémence du roi.

Dans un pays qui, comme la France, a une surabondance de population considérable, et où le nombre des
détenus est immense, il n'est nullement avantageux à la
société de faire rentrer dans son sein une trop grande quantité de convertis tirés de la classe des forçats. Il est d'une
bonne politique au contraire de purger le sol, autant que
la justice le permet, de tous les élémens qui peuvent nuire
à la sûreté et au repos de ceux qui l'habitent.

Nous terminerons ce chapitre par une réflexion sur l'incohérence de nos lois pénales et sur la nécessité de les re-
viser. Elles fixent à dix ans le maximum de la peine de la
réclusion, et souvent elles condamnent simultanément à
cette peine et à la marque qui est une autre peine plus dégradante que les travaux forcés. Cette confusion dans la
graduation des peines produit ce fâcheux effet, que dans
les maisons de réclusion il se trouve des condamnés qui va-
lent moins encore que des forçats. En principe, le maximum de la réclusion ne devrait pas dépasser le minimum
des travaux forcés, et la marque devrait toujours être sui-
vie de la peine des travaux, au lieu de l'être par la réclusion.

CONCLUSION.

Les mesures que nous avons proposées sur la deuxième partie de la question, devront produire ce double résultat si désirable : qu'à l'avenir *les forçats libérés ne seront plus livrés à la misère, et que leur présence ne menacera plus la société qui les reçoit.* Quant à *l'opinion qui les repousse,* elle ne peut changer à l'égard des anciens forçats. La dégradation dont ils sont atteints, est indélébile, et il n'est pas au pouvoir des hommes de l'effacer. Une partie seule des criminels que nous avons désignés sous le nom de nouveaux forçats, pourra espérer d'être traitée moins défavorablement par l'opinion : elle devra cet avantage à son classement dans la troisième catégorie et dans la deuxième section de la seconde. La majeure partie des forçats nouveaux ne peut prétendre raisonnablement à être mieux traitée que la totalité des anciens, et l'opinion ne pourra pas plus pardonner aux uns qu'aux autres ; enfin si, comme on l'a vu, la distinction que nous avons établie entre les premiers et les seconds était nécessaire pour ne point donner un effet rétroactif à des lois nouvelles, le classement par catégories l'était encore davantage pour rendre l'opinion favorable à ceux d'entre les forçats nouveaux qui seront moins indignes que les autres, de l'indulgence de la société.

Quant au *provisoire* qui paraît exigé par la seconde partie de la question, il ne peut nécessairement être que fort long ; puisqu'il doit s'étendre non seulement à tous les forçats libérés, mais encore à tous ceux qui sont à libérer, et dont le sort est fixé par des jugemens qu'on n'a pas le droit de modifier. Les mesures que nous avons proposées pour remplir le *provisoire* voulu par la question, pourront cesser en partie après l'extinction complète de ces anciens forçats, parce qu'alors le nombre des libérés

fournis par les nouveaux, sera réduit de beaucoup; et
que les pionniers augmenteront encore la réduction opérée
par les catégories. On devra donc un jour supprimer la déportation volontaire des forçats non libérés ; l'on pourra
aussi supprimer les ateliers de travaux extraordinaires qui
n'auraient pour but principal que d'occuper les libérés ;
mais quant aux dispositions nouvelles sur le vagabondage
et l'incorrigibilité, elles devront toujours être maintenues,
comme le frein le plus puissant dont l'autorité puisse faire
usage pour assurer le repos de la société contre les libérés
qui seraient tentés de le troubler.

Les détails où nous avons dû entrer pour justifier des
mesures nombreuses et variées, quoique simples et d'une
exécution facile, auront sûrement paru longs ; mais la
question dont nous nous étions proposé l'examen, était de
nature à ne pouvoir être traitée d'une manière superficielle,
et elle présentait des difficultés de plus d'une sorte. Nous
n'avons cherché à en éluder aucune. Le rétablissement de
la morale chez des malheureux que le régime actuel des
bagnes pervertit, le respect pour la justice à l'égard d'une
classe d'hommes qui ne l'ont point respectée, étaient deux
points capitaux dont nous sentions toute l'importance, et
desquels nous avions à cœur de ne pas nous écarter. Nous
ne les avons jamais perdus de vue dans le choix des moyens
destinés à résoudre le problème difficile, objet de nos méditations. Nous nous sommes fait un devoir de ne rien proposer qui ne fût approuvé par la raison et surtout par l'économie. Si l'établissement d'une colonie de forçats occasionnera des dépenses, les bases en ont été posées de manière
à rendre ces dépenses les moindres possibles. Celles-ci d'ailleurs seront compensées non seulement par de prompts
avantages, mais même acquittées pécuniairement dans la
suite par de riches produits, lorsque l'on sera parvenu à
créer des plantations. C'est là la seule partie de notre plan
dont les résultats exigeront un peu de temps : quant aux

autres, ils suivront immédiatement l'exécution qui elle-même n'est susceptible d'aucun retard. La volonté du gouvernement suffit pour établir de suite les catégories, et pour préparer l'expédition maritime que rendra nécessaire une loi de déportation qui ne peut rencontrer aucune opposition. Ainsi dans l'espace d'une seule année toutes les diverses parties de notre plan pourront successivement être mises à l'épreuve, et recevoir même les perfectionnemens qu'indiquera l'expérience des premiers essais : mais l'essentiel sera fait du jour où l'on aura établi un système de classement légal parmi les forçats. Nous nous estimerions heureux de le voir adopter, parce que nous sommes intimement convaincus qu'il n'en peut résulter qu'un grand bien : et ce serait pour nous la plus douce des récompenses, si, après avoir servi la patrie pendant près de sept lustres avec notre épée, nous avions pu avec notre plume la servir encore un seul jour.

FIN.

ERRATA.

Page 13, *dernière ligne*, après ces mots : qui n'auront subi aucune condamnation antérieure. Ajoutez : *et qui n'auront pas été flétris* (1 *bis*).

Page 20, *ligne* 23, lisez : *admissible dans la deuxième section* (2).

Page 23, *ligne* 4, au lieu de (2); lisez (2 *bis*).

Page 27, 2ᵉ et 3ᵉ *lignes du chapitre IV*, au lieu de : qui n'ont subi aucune condamnation antérieure, lisez : *qui n'ont subi ni la flétrissure ni aucune condamnation antérieure* (a).

(a) Il est évident que si la flétrissure se trouvait jointe aux cinq ans de travaux forcés qui forment le *minimum* de la peine, celle-ci ne serait plus réduite à son *minimum*.

NOTES.

(1) Par une singularité assez remarquable, le classement des forçats et la déportation qui forment les bases de la première partie de ce Mémoire adressé à la Société Académique de Mâcon, le 25 juillet, se trouvent proposés dans les votes du conseil général de préfecture du département de l'Ain , publié dans *le Constitutionnel* du 26 août suivant :

« ...La révision de notre législation en ce qui concerne les forçats :
» persistant dans les vœux qu'il a émis ; et de plus en plus frappé de
» cette considération, que la plupart des crimes sont commis par des
» forçats qui sortent ainsi du bagne essentiellement pervertis, le
» conseil demande , soit leur déportation pour les cas les plus graves ,
» soit leur classification dans des bagnes différens, suivant le temps
» plus ou moins long de leur peine, 5 , 10 ou 20 ans. »

(1 *bis*) La flétrissure est une peine dégradante dont plusieurs écrivains ont demandé l'abolition , comme étant essentiellement nuisible au repentir ; mais ces écrivains n'ont pas considéré qu'il y a des crimes si infâmes, qu'on ne peut les punir comme ils le méritent , que par l'infamie, et qu'il est utile que les scélérats qui se rendent coupables de ces crimes , servent d'exemple à la société dont l'intérêt ne doit pas être négligé pour celui d'un criminel.

Si par exemple, il est juste de couper le poing au monstre qui a ôté la vie à l'auteur de ses jours, il n'est pas moins juste de flétrir par le fer le fils scélérat qui a porté sur son père une main parricide , et qui l'a blessé et meurtri. La Cour d'assises de Montauban vient de condamner à la flétrissure un fils coupable d'avoir frappé et blessé ses père et mère. Supprimer la flétrissure dans un tel cas nous paraîtrait une humanité mal entendue : nous ne nierons pas qu'il peut y avoir d'autres crimes pour lesquels il conviendrait de supprimer la marque , en allongeant la durée des travaux forcés par compensation. Nous ne désignerons pas ces différens cas. Il faudrait examiner tout le Code criminel, ce qui nous éloignerait de l'objet principal de la question qui veut que nous nous occupions plutôt des hommes punis , que de ceux à punir. Nous ne proposerons donc point l'abolition de la marque ; mais nous proposerons d'exclure l'homme qui en est flétri, du droit de rentrer jamais dans la société.

(2) En considérant la déportation limitée comme inutile, le seul changement à faire à notre plan sera de laisser la 2e section de la 2e catégorie·dans son bagne. Ce changement est peu important, puisque cette 2e section ne forme qu'un douzième de l'effectif des forçats. Quant à la 2e section de la 3e catégorie, l'on verra que sur trois moyens proposés pour statuer sur son sort, la déportation limitée n'est que le second, et que nous n'avons pas hésité à regarder ce moyen comme très-inférieur au premier.

(2) bis. L'on voit que l'auteur du plan de la colonie de 1763, désirait que l'envoi des·colons fût peu nombreux, mais annuel. Ce plan était fondé sur une connaissance parfaite de la nature du pays. Notre système de déportation annuelle d'une partie des forçats est d'accord avec ce plan.

(3) La *grande terre*. C'est, proprement dit, tout le continent américain ; mais il est probable que les habitans de Cayenne désignent ainsi la Guiane particulièrement.

(4) *Pas à pas*. Cette expression démontre combien il serait peu judicieux de commencer la colonie dont nous proposons l'établissement, avec un grand nombre de déportés.

. (5) Ce qui précède et ce qui suit, prouve que ce vaste champ, ouvert à la cupidité, fut la cause de la ruine de la colonie de 1763, et que moins les colons eussent été nombreux, plus ils eussent eu de chances pour réussir.

(6) La peste n'existe point à la Guiane, pas plus que dans le reste de l'Amérique. C'est à tort que l'auteur donne ce nom aux maladies épidémiques et contagieuses tout ensemble, qui dévorèrent les colons entassés les uns sur les autres dans des logemens trop étroits, et réduits à la viande salée pour toute nourriture. Sous un climat plus sain ils eussent été également assaillis par des maladies, seulement les résultats n'en eussent pas été aussi malheureux.

(7) « Le *Journal du Havre* cite des nouvelles récentes de la Guiane française, annonçant que les travaux de l'agriculture continuent d'y prendre de l'accroissement, et que les familles du Jura qui habitent les bords de la Mana, vivent heureuses et paisibles sans avoir éprouvé de trop fàcheux effets de leur séjour sous les tropiques. On commençait à manquer de farine à Cayenne, et les premiers navires qui en apporteront, feront des échanges avantageux. L'opération pour l'exploitation des bois, ajoutent ces nouvelles, a totalement manqué. » *Constitutionnel* du 24 août.

Il eût été à désirer que le journal eût dit à quelle sorte d'agriculture travaillent les familles établies sur les bords de la Mana. Le
fait, au reste, suffit pour démontrer que les déportés pourront vivre,
et même être heureux et paisibles à la Guiane. C'est tout ce que des
forçats peuvent espérer.

(8) Le système cellulaire, au moyen duquel on obtient l'isolement
du condamné, vient d'être établi nouvellement en Pensylvanie et
dans quelques autres provinces des États-Unis, en remplacement du
système disciplinaire qui y existait auparavant. M. Roscoe, un des écrivains les plus illustres de l'Angleterre, vient de publier un écrit
dans lequel il combat ce système avec beaucoup de force, et cite à
l'appui de son opinion, ces paroles que son digne ami, le général La-
Fayette, adressait à un Américain : « On croit dans la Pensylvanie que
» le système cellulaire est une idée neuve, une nouvelle découverte.
» C'est une erreur : ce n'est que le renouvellement du système de
» la Bastille. » Deux écrivains américains, MM. Allen et Vaux, ont
répondu à M. Roscoe et ont défendu le système cellulaire avec chaleur (a).
Nous n'entreprendrons pas l'examen difficile des raisons pour et contre,
attendu que tout en reconnaissant dans chacun des deux systèmes plusieurs avantages, nous y retrouvons aussi un même vice, qui est celui
d'être exclusif. Un système mixte nous paraît préférable. Au lieu
donc d'un secret perpétuel nuisible à la santé et même au moral des
comdamnés chez quelques-uns desquels il peut occasionner le désespoir, nous proposerions que chaque condamné sortît de sa cellule
pour être employé à des travaux communs avec obligation de garder
le silence. Il ne lui serait permis de parler qu'aux heures du repos. Hors
ce temps et celui des travaux, le condamné serait renfermé dans sa cellule où il pourrait travailler pour son compte ou se livrer à ses ré-
flexions. Nous sommes convaincus qu'il serait très-avantageux que le
condamné fût livré à lui-même pendant une partie de son temps, la
communauté étant une cause de distractions perpétuelles nuisibles au
repentir. La privation du temps du repos et de la permission de parler,
serait une double punition assurément très-sévère, si elle était pro-
longée ; et le condamné qui ne quitterait sa cellule que pour de si-
lentieux travaux après lesquels il rentrerait dans l'isolement, ferait
bientôt tout ce qu'il faudrait pour en sortir.

L'établissement des petits bagnes de département permettrait d'es-
sayer le système que nous proposons, sur les forçats de la troisième catégorie. Mais il faudrait l'employer avec quelques ménagemens; autrement

(a) *Revue Encyclopédique.*

il serait à craindre que des jeunes condamnés trop ennuyés de cette
sévérité, ne commissent à dessein des fautes graves pour se faire
renvoyer dans la deuxième catégorie, où ils espéreraient trouver
une existence moins monotone. En définitive, il serait avantageux que chaque condamné, soit reclus, soit forçat, eût sa cellule;
mais c'est ce qui nous paraît difficile et dispendieux. Le nombre des
détenus est très-considérable; et quant aux forçats, ce serait déjà beaucoup faire que de donner des cellules à ceux de la troisième catégorie.

(9) Veut-on connaître jusqu'où va l'horreur qu'inspire un forçat libéré inconnu, et le désespoir dans lequel cette horreur peut plonger
celui qui en est l'objet? qu'on lise le fait suivant. Il prouvera combien
il serait avantageux au forçat d'être déporté ou de subir sa peine dans
son département; parce que, dans le premier cas, il serait à l'abri des
préventions, et que dans le second, son délit et sa punition ayant été
publics, n'inspireraient plus les mêmes préventions.

« Encore un fait digne des méditations des législateurs, et qui
» prouve combien il est urgent d'améliorer enfin, dans l'intérêt de la
» société, la position des forçats libérés. » (*Journal des Débats*, du
» 8 octobre.)

» Un nommé Delègue, après avoir subi quatorze années de travaux
» forcés, était revenu dans la commune de Chabris. Il avait su, pen-
» dant sa captivité, se concilier les bonnes grâces d'un des employés
» supérieurs du port de Rochefort, qui en avait fait son chef de cui-
» sine. Cette place avait procuré à Delègue le moyen de faire des
» économies, et il était parvenu à amasser une somme suffisante pour
» acheter une petite propriété. Depuis son retour, sa conduite était
» irréprochable; secondé d'un domestique, il cultivait tranquillement
» son petit héritage. Mais on n'ignora pas long-temps qu'il était de la
» commune de Meneton-sur-Cher, qu'il revenait du bagne, et aussitôt
» tout le monde l'abandonna. Se présentait-il au marché, chacun le
» regardait, et il restait seul. Paraissait-il le dimanche à la messe, au
» même instant ses voisins reculaient, et un vide le séparait des autres
» assistans. Personne ne voulait travailler pour lui; il ne pouvait
» avoir de domestiques; il était isolé, privé de toutes communica-
» tions avec les habitans de Chabris. Que fera-t-il dans une telle
» position? Sa conduite est régulière, personne ne se plaint de lui, il
» remplit tous ses devoirs de citoyen et de chrétien, et cependant on
» le fuit de toutes parts : que gagne-t-il à être honnête homme, puis-
» qu'on le traite comme s'il ne l'était pas? Son parti est bientôt pris :
» il retournera aux galères; là du moins on pourra apprécier sa con-
» duite, et personne ne rougira de l'approcher. Un matin avant le

» jour, il se rend chez un de ses voisins, franchit la clôture de sa cour,
» force la porte de son poulailler, et lui vole un chapon. Il se rend
» chez lui, plume la bête, et met les plumes devant sa porte. Bientôt le
» propriétaire volé se réveille ; il voit sa basse-cour en désordre, il
» crie : *au voleur !*.L'autorité accourt, constate l'effraction et com-
» mence ses recherches. Delègue est sans contredit visité le premier ;
» la plume du chapon est à sa porte ; le propriétaire le reconnaît :
» Delègue est l'auteur du vol, il n'en faut pas douter. Le maire l'in-
» terroge ; bientôt le coupable lui montre le chapon plumé, et con-
» vient qu'il l'a volé la nuit avec escalade et effraction. Traduit à la
» cour d'assises pour ce nouveau crime, Delègue s'en reconnaît l'au-
» teur ; il en raconte toutes les circonstances, et dans un plaidoyer
» écrit il expose les raisons qui l'ont porté à le commettre. Condamné,
» il est encore au bagne. » (*Gazette des Tribunaux.*)

On ne peut nier que Delègue ayant subi quatorze ans de travaux
forcés, devait nécessairement inspirer de fortes preventions. Si conformément à notre plan, il eût été déporté à vie en sortant de son
bagne, il est evident qu'il y eût beaucoup gagné. D'abord sa peine
eût été diminuée de sept ans par compensation pour la déportation.
Ensuite n'eût-il pas été plus heureux cent fois à la Guiane qu'à
Chabris ? Et en supposant que son crime eût été de nature à lui ouvrir
l'entrée d'un bagne de département, il est plus que probable qu'il
n'eût pas éprouvé, à sa sortie, le traitement cruel qui lui a fait commettre un nouveau crime, et préférer son bagne à un plus long séjour
dans la société.

(10) Il n'est pas douteux qu'un forçat qui restera 5 ans dans la ville
capitale de son département, trouvera pendant ce temps des occasions
de se procurer des ressources pour l'avenir, que n'aura ni le forçat arrivant de Toulon, ni le déporté arrivant de Cayenne.

La troisième catégorie ne devant former que le sixième de l'effectif
général que nous supposerons, pour les nouveaux forçats, égal à celui
des anciens (9215), n'arrivera donc qu'à 1536 individus, dont la distri-
tribution entre nos 86 départemens formerait pour chacun de 17 à 18
hommes.

Mais cette distribution doit nécessairement varier à raison de la différence de population des départemens ; et de plus, toute proportion
gardée, il est tel département où les délits sont plus fréquens que dans
tel autre.

Sur près de 32 millions d'hommes qui forment la population de la
France, 1536 ne sont pas en raison de cinq pour cent mille.

En adoptant pour base le chiffre 5, les cinq départemens dont la

population est inférieure à 200,000 hommes, auraient à recevoir de 5 à
9 forçats, ci. . . . . 5 à 9.
    Les vingt-six départemens qui sont au-dessous de 300,000. 10 à 14.
    Les vingt-quatre qui sont au-dessous de 400,000. . . . . . 15 à 19.
    Les seize qui sont au-dessous de 500,000. . . . . 20 à 24.
    Les dix qui sont au-dessous de 600,000. . . . . 25 à 29.
    Les trois qui sont au-dessous de 700,000. . . . . 30 à 34.
    Le département du Nord qui est au-dessous de 1,000,000. . 45 à 49.
    Et celui de la Seine qui est au-dessus de 1,000,000. . . . 50 à 55.

    Ainsi sur les 86 villes capitales de département, il ne s'en trou-
verait pas une qui n'eût un nombre de forçats réellement inférieur à la
somme des travaux habituels et journaliers auxquels chacune d'elles.
pourrait les employer. Si l'on considère que dans les ports, les forçats
tirent des charrettes chargées, comme font à Paris les commissionnaires
et les porteurs d'eau, on verra que le transport seul des immondices
d'une grande ville est suffisant pour occuper journellement 40 à 50
hommes, indépendamment de tous les autres travaux auxquels on
pourra les employer, et que nous n'indiquerons pas de nouveau, afin
de ne pas nous répéter inutilement.

    L'établissement de la troisième catégorie dans les départemens, ne
présente donc aucun obstacle sous le rapport numérique des forçats, et
ne coûtera pas plus à l'État, que celui des deux premières catégories.
Il n'y a pas de ville capitale de département, qui ne puisse même con-
tribuer à l'entretien de ses forçats, puisqu'elle profitera de leurs travaux. Il suffira que le gouvernement accorde à ces villes quelques secours, tels; par exemple, que les frais de réparation des routes abou-
tissantes à leurs portes jusqu'à la distance de deux lieues, et fournisse
les bâtimens nécessaires à celles qui n'auraient point de local convenable pour l'établissement d'un bagne; la construction d'ailleurs d'un
tel édifice étant très-simple, n'est pas d'une grande dépense, et son
ameublement en exige encore moins; de plus, l'entretien du forçat est
évidemment inférieur à la valeur de son travail, puisqu'il se réduit à
la nourriture la plus frugale et aux vêtemens les plus grossiers. Enfin
s'il arrivait qu'une ville se trouvât chargée d'un nombre de forçats supérieur à celui qu'elle pourrait employer d'une manière utile à ses
intérêts, il ne serait pas onéreux au gouvernement d'y pourvoir.
Aujourd'hui il fait la dépense de l'entretien de la totalité des forçats,
il pourrait donc à plus forte raison faire celle d'une partie de la troisième catégorie.

    (11) Voici quelles seraient les dépenses d'entretien des pionniers :

    La première mise d'un pionnier se composerait des effets suivans :

	fr.	c.
Une veste de gros drap gris , du prix de	18	
Un pantalon *idem*	15	»
Un bonnet ou casquette	3	»
. Une paire de souliers.	6	»
Une veste de toile grise	3	75
Un pantalon *idem*.	3	5o
Trois chemises, à 3 fr. 5o c.	10	5o
Une paire de sabots.	»	6o
Un livret.	»	25
Total.	60	6o

Les trois premiers articles formant une somme de 36 fr., devront être remplacés tous les quinze mois au compte du gouvernement ; quant aux six autres, ils le seront au compte de l'homme et à mesure du besoin, avec le produit d'une masse de linge et chaussure qui sera formée par une retenue de 10 cent. par jour sur la solde du pionnier. Cette masse pouvoira facilement aux dépenses dont elle sera chargée. Dans les troupes où les dépenses sont beaucoup plus grandes (surtout dans la cavalerie) qu'elles ne pourront l'être dans les pionniers, la masse du soldat suffit à toutes.

La solde sera de 4o centimes. Ainsi, déduction faite de 10 centimes pour la masse, il en restera 3o pour les dépenses de l'ordinaire, dans lesquelles le chauffage sera compris.

La cherté du combustible rend nécessaire l'usage des marmites économiques dont la construction est très-simple et ne coûte que quelques briques. Il sera juste que les quartiers des pionniers en soient pourvus, puisque le chauffage étant pris sur leur solde, il convient d'en diminuer, autant que possible, la consommation. Il sera permis au pionnier de le prendre au magasin militaire au prix du tarif, quand il ne trouvera pas de l'avantage à l'acheter ailleurs.

Le pionnier recevra la ration de pain qui, avec au moins 25 centimes restans sur sa solde, le chauffage payé, suffira en vivant par ordinaire, pour lui fournir une nourriture non seulement meilleure que celle à laquelle il aura été habitué dans son bagne, mais que celle même de la plupart des manœuvres qui en général mangent rarement de la viande et vivent très-frugalement.

Les pionniers seront formés par escouades de 10 à 25 hommes, selon les travaux à faire dans la place où les escouades seront établies. A la tête de chaque escouade sera un maître-pionnier auquel on donnera 10 centimes de haute-paie. Ses devoirs se borneront à vérifier les dépenses de l'ordinaire, à faire lui-même de temps à autre les achats pour connaître le juste prix des denrées, et à maintenir l'ordre dans son escouade.: du reste, il travaillera comme les autres pionniers.

La force des escouades étant proportionnée à la quantité des travaux, il arrivera, qu'à l'exception seulement de quelques places où ils seront très-considérables, une escouade suffira pour chacune des autres. Le commandement de cette escouade sera confié à un des officiers du génie employés dans la place, et qui se chargera des détails de solde et d'administration avec l'aide d'un garde du génie. Ce service rentre spécialement dans les devoirs de ce dernier grade, dont les fonctions ordinaires sont de surveiller les ouvriers qu'on emploie journellement aux travaux des places de guerre et de régler le compte de leurs journées. Le garde du génie en fera de même à l'égard des pionniers qu'il commandera, et dont il inscrira les journées sur les livrets qui leur auront été donnés à leur entrée à l'escouade. Il portera aussi sur ces livrets les effets d'habillement et les recettes et dépenses de la masse de linge et chaussure.

L'entretien d'un pionnier étant établi d'après les bases ci-dessus, coûtera par année pour la solde, à raison de 40 centimes. 146 fr.   c.

Pour le pain évalué à 15 c. la ration.   54   75

Pour la première mise. . . . .   60.   60.

En estimant à 200 fr. le prix du casernement d'une chambrée de 16 hommes formant l'effectif moyen des escouades qui varieront de 10 à 25 hommes, le logement pour un pionnier sera de. . . . .   12.   50.

La haute-paie de 10 centimes, accordée à un chef d'escouade, forme par année une somme de 36 fr. 50 cent., qui répartie entre 16 pionniers, forme pour chacun une dépense de.   2   28

Total de la dépense du pionnier pour la 1re année. 276   13

Sur chacune des trois années suivantes, il y aura à déduire 24 f. 60 c. de première mise. Le remplacement d'habillement n'étant composé que des trois premiers articles montant à 36 fr., et l'entretien du surplus devant rester à la charge de la masse de linge et chaussure, la dépense annuelle sera donc pour ces trois années de 251 fr. 53.

Pour la cinquième année il ne sera pas dû de remplacement d'habillement, attendu que ne se faisant que tous les quinze mois, le dernier remplacement aura eu lieu dans le quatrième trimestre de la quatrième année ; ainsi la déduction à faire sera de 60 fr. 60 c. formant la totalité

de la première mise, ce qui bornera la dépense de la cinquième année
à 215 fr. 53.

Il convient de fixer à cinq ans la durée de l'engagement du pionnier,
pour la mettre en rapport avec celle du minimum des travaux forcés,
parce que ce seront les condamnés à ce minimum qui auront la plus
grande part au recrutement des pionniers, dans lequel la deuxième section de la deuxième catégorie ne devra entrer que pour un tiers, son
effectif étant moindre de moitié de celui de la troisième catégorie.

Pour rembourser à l'état la somme dont le pionnier lui sera redevable *Compensation de la dépense.*
chaque année, on exigera du pionnier un nombre de journées de travail
qui sera calculé sur le montant de sa dette. Le prix de la journée étant
fixé à 1 fr., le nombre de ces journées sera nécessairement très-inférieur
à celui des jours de l'année, et le pionnier aura toujours assez de temps
pour s'acquitter, puisque sur la première année il lui restera 88 jours,
113 sur les trois années suivantes et 149 sur la cinquième.

Afin de ne rien négliger des dépenses que le pionnier peut coûter à
l'état, nous dirons un mot des journées d'hôpital. Le prix de ces journées varie selon les lieux, mais en général il est d'environ 1 fr., et se
trouve par conséquent supérieur d'un quart ou d'un tiers à celui de la
journée de présence; on en fera le calcul, et le pionnier en acquittera
le montant par une augmentation proportionnée sur le nombre de ses
journées de travail.

Ainsi l'état n'aura jamais rien à perdre, à quelques morts près; il doit
même gagner. En supposant que mille pionniers lui fournissent chacun 250 journées de travail par année, le nombre des journées montera
à 250,000. La différence du prix fixé avec celui que l'on paie ordinairement aux simples manœuvres, étant de 50 centimes, formera un bénéfice de 125,000 francs; c'est beaucoup sur une si petite quantité
d'ouvriers.

L'usage établi dans les troupes, de faire au soldat le décompte de *Moyens de for-*
l'excédant de la somme fixée pour sa masse à la fin de chaque tri- *mer une réserve aux pionniers pour*
mestre, devra être modifié à l'égard des pionniers, dont on se conten- *l'époque de leur*
tera de régler le compte, sans leur faire le paiement d'aucun excé- *libération.*
dant. Tout ce qui restera sur sa masse après les dépenses, sera accu-
mulé pour former une somme de réserve dont la remise sera faite au
pionnier le jour où il recevra son congé.

Pour augmenter cette réserve, on y joindra une partie du prix des
journées de travail que le pionnier aura faites au-delà de celles exigées.
Il lui sera permis de travailler pour les particuliers toutes les fois que
le génie n'aura pas besoin de lui pour ses travaux. Comme il est dans
l'intérêt du pionnier qu'il ne puisse pas disposer de la totalité de ses

profits, on prélèvera sur le prix de chacune.de ses journées extraordinaires, 75 centimes qui seront ajoutés à sa masse, et on le laissera jouir
du surplus.

Par suite de cette économie, un pionnier qui aurait tous les ans 50
journées de travail en réserve, se trouverait, au moment de son congé,
possesseur d'une somme de 187 fr. 50 c., qui ajoutée aux accumula-
tions des produits trimestriels de sa masse, lui formerait un petit capi-
tal pour le moment où il serait congédié. Cette réserve pourrait être
beaucoup plus riche pour les pionniers qui sauraient un métier, et dont
il serait juste de payer les journées un peu plus cher. En les fixant seulement à 1 fr. 25 c., le nombre des journées exigibles diminuerait d'un
cinquième en même temps que celui des disponibles augmenterait
dans la même proportion. Ce serait donc un grand service à rendre aux
pionniers qui montreraient de l'intelligence et du zèle, de les occuper
à aider les ouvriers du génie, pontonniers, charpentiers, sapeurs et autres qui pourraient leur apprendre quelque chose, et les élever au-dessus
de la condition d'un simple manœuvre.

La caisse à trois clefs qui contiendra les masses des pionniers, sera
déposée chez l'officier supérieur du génie de la place qui en aura une
clef et un bordereau des fonds qui y seront déposés. La deuxième clef
sera entre les mains de l'officier commandant les pionniers, et la troisième entre celles du garde du génie chargé de la tenue de la comptabilité de l'escouade. La vérification des recettes et dépenses sera faite
tous les trimestres par le sous-intendant militaire.

Les dépenses de fourniture de première mise et de remplacement
d'habillement seront faites par l'officier du génie sur des marchés visés
par le sous-intendant militaire et passés conformément aux tarifs établis. Le linge et chaussure seront entretenus en nature ou en argent au
choix du pionnier; mais on privera de cette option celui qui aurait employé l'argent reçu à d'autres dépenses.

Deux registres, dont l'un sera tenu sur le modèle d'un registre de
compagnie, et dont l'autre sera destiné à l'habillement, suffiront pour
toute cette comptabilité que l'on devra simplifier autant que possible,
attendu que les frais en seront supportés par l'escouade.

Tous les pionners, à l'exception des chefs d'escouade qui auraient
mérité par leurs bons services d'être conservés, devront être congédiés
au terme fixé par leur engagement. La nécessité de placer les forçats
sans ressource qui seront successivement libérés, tant de la troisième
catégorie que de la deuxième section de la seconde, rend les congés indispensables; d'ailleurs les escouades finiraient par être encombrées
d'hommes que l'âge aurait rendus incapables de travailler.

· Le mariage sera permis à tous les pionniers qui trouveront l'occasion de le contracter, mais sous la condition de prendre leur congé. Un homme marié ne peut vivre à l'ordinaire, et il en diminue les ressources.

· Nous aurons peu de chose à dire sur la discipline des pionniers. Elle doit être militaire, mais bornée à des appels et à la subordination dans les travaux. Les hommes d'une mauvaise conduite, les ivrognes, les paresseux ne devront pas être conservés dans les pionniers. Sur la plainte, de l'officier commandant de l'escouade, l'accusé pourra être condamné par le lieutenant-de-roi à une première punition de trois mois de prison. Cette plainte sera par écrit, afin de servir de précédent et de pièce à l'appui de la seconde plainte à laquelle le pionnier pourra donner lieu, et d'après laquelle il sera alors traduit au conseil de guerre de la division, qui le condamnera à la déportation à vie, comme sujet incorrigible.

(12) Ce calcul est fondé sur la base déjà prise des condamnations de 1826, dans lesquelles, sur 1420 forçats, 281 le sont à perpétuité. C'est le cinquième à 3 près, le chiffre 15 restant sans être divisé.

(13) Depuis que ce Mémoire a été adressé à la Société Académique de Mâcon, il a paru dans le *Constitutionnel* du 17 septembre une lettre anonyme où il est question de cet effet rétroactif : nous en extrairons le passage suivant :

« Qu'est-ce en dernière analyse que cette colonisation dont on parle, » sinon une déportation réelle, une déportation à perpétuité ? La pre- » mière question est celle de savoir si vous avez le droit d'infliger sans » jugement cette peine définitive à des hommes qui vivent sous les » mêmes institutions, sous la garantie des mêmes lois que le reste des » citoyens. »

Cette pensée est la même que nous avons exprimée ; mais les conséquences que nous en avons tirées sont différentes. Celles de l'auteur anonyme sont que la déportation ne peut être qu'un *arbitraire monstrueux* auquel il faut renoncer. Il n'a pas considéré que cet arbitraire n'existera ni pour les forçats qui seraient condamnés postérieurement à la loi qui prononcerait la déportation, ni pour les anciens forçats qui commettraient de nouveaux délits qui les rendraient passibles d'une peine nouvelle.

(14) Le premier de ces degrés est le minimum de cinq années ; suivent ensuite quinze degrés, un par année, pour arriver aux vingt ans formant le maximum des travaux forcés à temps. Les travaux forcés à perpétuité forment le dix-septième degré. Tous ces degrés peuvent être doublés par l'aggravation de la flétrissure.

(15) Voici ce qu'on lit à ce sujet dans le *Journal des Débats* du 17 juillet :

« En attendant, les forêts de la Guiane offriraient une ressource qui
» de long-temps ne serait pas épuisée. L'administration de la marine a
» senti tout le parti qu'elle en pouvait tirer. Depuis plusieurs années on
» s'occupe d'examiner la qualité des bois de Cayenne, afin de détermi-
» ner à quels genres de travaux on peut les appliquer dans nos ports.
» De nombreuses expériences ont été faites à Brest, et leur résultat
» donne d'assez belles espérances, à ce qu'assure le commissaire qui
» en a adressé le rapport. »

On a vu dans la note 7. que *l'opération pour l'exploitation des bois a totalement manqué.* Ce n'est pas une raison pour en désespérer. Ce résultat
publié le 24 août, et qui ne nous a été connu, ainsi, qu'un mois après
l'envoi du présent Mémoire au concours, justifie l'opinion que nous
avions émise sur l'impossibilité actuelle d'enlever des bois *au milieu des
terres basses et fangeuses qui bordent les mers do la Guiane jusqu'à une
grande distance.* Cette impossibilité subsistera jusqu'au moment où l'é-
tablissement d'une colonie suffisamment peuplée donnera les moyens de
creuser des canaux pour dessécher les terres, et permettre le flottage des
bois abattus. Dans un pays humide par le sol, désert et sans ressources
industrielles, il ne pouvait y avoir que de faibles probabilités en faveur
de l'exploitation ; mais elle n'est que retardée, et on pourra la reprendre
quand l'existence d'une colonie aura préparé les moyens nécessaires
pour la faire réussir.

(16) M. le duc de Mortemar, en parlant sur le projet de loi relatif au
jury, à la chambre des pairs, a attribué *la multiplication effrayante des
affaires criminelles aux forçats libérés*, et appelé l'attention du gouvernement sur cet objet. Depuis on est revenu souvent sur cette matière
qui a fixé l'attention publique, et sans parler des journaux et de divers
écrits particuliers, on peut citer 41 conseils généraux de département
qui en 1826 ont émis des votes sur les forçats. D'après quelques-uns de
ceux déjà connus de 1827, on a lieu de croire que ces mêmes votes
auront été renouvelés.

(17) Dans le royaume des Pays-Bas, on multiplie ces établissemens.
Le premier fut formé à Bruges par M. de Chauvelin, alors préfet du
département de la Lys. Depuis cette époque, la Belgique en compte
sept qui ont été successivement formés à Mons, Hoogstraeten, Na-
mur, la Cambre près de Bruxelles, Hoorne et Reckheim. On y re-
cueille les mendians de profession, et on y reçoit les indigens qui de-
mandent un asile. (*Revue Encyclopédique.*)

« Le gouvernement des Pays-Bas vient d'ordonner l'établissement

» dans toutes les villes où le besoin le requerra, des *écoles gar-*
» *diennes* destinées à recevoir les enfans du plus bas âge de deux à trois
» ans, surtout ceux qui appartiennent à la classe des journaliers, et que
» les parens obligés à un travail continuel pour gagner leur vie, sont
» dans l'impossibilité de surveiller convenablement. » (*Constitutionnel*
du 28 octobre.)

L'établissement des écoles gardiennes est une précaution d'une haute
sagesse, qui indique une grande sollicitude de la part du gouvernement des Pays-Bas pour diminuer dans leur principe les causes qui
produisent les mauvais sujets dont les maisons de correction et les
bagnes sont remplis.

(18) On verra dans le second Mémoire de quelle suite ces six cents
déportés devront être accompagnés pour le premier établissement de
la colonie.

(19) Ce projet sera développé dans le deuxième Mémoire faisant
suite à celui-ci.

(20) A la suite de l'article du *Journal des Débats*, cité dans la
note 15, se trouve le passage suivant :

« Ce n'est pas que nous comptions parmi les chances défavorables
» pour l'exploitation des forêts de Cayenne, l'insalubrité de son
» climat. Cette insalubrité a été fort exagérée à une époque où cette
» colonie était un séjour de misère et de proscription ; mais il est au-
» jourd'hui reconnu que la Guiane française, et surtout l'île de
» Cayenne, loin de mériter l'affreuse réputation qu'on leur a faite,
» sont infiniment préférables, sous le rapport sanitaire, au climat
» dévorant des Antilles.

» Il suffit, pour s'en convaincre, de songer que la fièvre jaune
» ne se manifeste pas à la Guiane française, tandis qu'aux Antilles
» elle dévore chaque année un tiers et souvent plus, des Européens
» nouvellement arrivés. »

L'espèce de distinction que le journaliste a établie entre la Guiane
et l'île de Cayenne, est fondée sur ce que cette île qui est habitée
et en pleine culture, doit être un séjour plus sain que la Guiane
qui est un pays à peu près désert. Mais on ne peut douter que
lorsque cette partie du continent aura à son tour des habitans et
des planteurs, elle ne le cédera à Cayenne pas plus en salubrité
qu'en fertilité.

(21) L'Ardèche en se retirant a laissé quinze cadavres à découvert.
Dans sa crue subite il a emporté vingt maisons, détruit plusieurs fa-
briques de moulins à soie, etc. On frémit quand on lit dans les

journaux le récit des dangers qu'ont courus les habitans des lieux
inondés.

(22) Quoique les événemens sur lesquels nous venons d'appeier
l'attention du gouvernement, soient, pour la plus grande partie, postérieurs à l'envoi de notre Mémoire à la Société Académique, nous
avons préféré les citer ici en remplacement d'autres plus anciens,
mais moins importans.

(23) Il serait à désirer que le gouvernement chargeât les ingénieurs en chef de département de lui faire un rapport sur les localités exposées aux inondations, et sur les ouvrages à construire pour
les en garantir. Ces ingénieurs feraient faire par les ingénieurs d'arrondissement les premières reconnaissances nécessaires et un cro-
quis des travaux à exécuter. D'après ces données, les ingénieurs en
chef iraient visiter les lieux, et juger par eux-mêmes de l'importance des dangers et de celle des travaux. Le gouvernement choisirait
ensuite dans tous ces rapports, ceux qui présenteraient l'intérêt le
plus pressant, et en ferait exécuter les projets les premiers.

(24) Outre ce triple service, les travaux d'utilité publique en rendront encore un quatrième relativement aux pionniers ; ce sera de
permettre d'en étendre ou d'en resserrer les cadres à volonté, et
d'employer les pionniers congédiés. Ces travaux pourraient même
rendre inutile l'institution des pionniers, si on la considérait sous
le seul rapport de donner de l'occupation aux libérés sans ressource.
Mais elle n'est point bornée à ce but unique ; et en laissant de
côté l'avantage d'être utile à l'entretien de nos ports et de nos places
fortes, sans être onéreuse à l'état, elle aura celui très-essentiel d'être
une école d'épreuves, où les jeunes libérés apprendront à se bien
conduire pour le temps où ils seront rendus entièrement à eux-mêmes
et rentrés en pleine liberté dans la société. Comme cette épreuve
est de cinq ans, elle offre une garantie puissante en faveur de ceux
qui l'auront subie, en même temps qu'elle débarrasse la société
de ceux qui n'y auront pas résisté.

(25) Ce mauvais emploi n'est ni licite ni tolérable. Si, d'après la
législation existante, le gouvernement n'avait pas le droit de l'empêcher, il faudrait rendre une loi qui lui donnât cette faculté. Lorsqu'un propriétaire empoisonne l'air par la manière dont il tire parti
de sa terre, et que ses voisins sont trop pauvres pour s'y opposer,
il faut bien alors que le gouvernement agisse à leur place.

(26) Depuis l'envoi de ce Mémoire au concours, le conseil général
du département du Puy-de-Dôme a voté la construction d'une route

départementale, qui doit communiquer de la route de Nîmes à celle de Perpignan.

(27) M. Charles Dupin, dans un Mémoire inséré dans la *Revue Encyclopédique* du mois d'août 1827, démontre par des calculs exacts et positifs, que la construction d'un canal latéral à l'Allier serait de la plus haute utilité pour la prospérité commerciale de l'Auvergne. Il établit que, si l'exécution projetée d'un canal latéral à la Loire avait lieu, celle du canal latéral à l'Allier deviendrait indispensable. A ces considérations nous en ajouterons une autre ; c'est qu'entre les mains d'un ingénieur habile, un canal serait d'une grande ressource pour parer aux dangers des inondations, et que l'Allier est une rivière torrentueuse qui se grossit à certaines époques d'une surabondance d'eaux dont elle manque dans d'autres saisons de l'année.

(28) Dans l'essai du système mixte cellulaire et pénitentiaire que nous proposons d'appliquer à la troisième catégorie, il est entendu que les travaux communs seront publics. Le même système appliqué aux maisons de réclusion, serait modifié en ce que les travaux communs seraient intérieurs, indépendamment de l'exemption des fers qui établit une grande distance entre les reclus et les forçats.

L'établissement d'écoles d'enseignement mutuel, et celui d'ateliers de tisseranderie et de menuiserie seraient un grand bienfait. La pente au crime est beaucoup plus rapide pour l'homme ignorant et qui n'a pas de métier, que pour celui qui est instruit et qui sait gagner sa vie. Ces établissemens seraient donc un excellent moyen de corriger les condamnés et de les rendre meilleurs.

Peut-on dans les maisons centrales de réclusion actuelles faire aux condamnés l'application du système cellulaire mixte et pénitentiaire ? C'est une question facile à résoudre, et dont la négative rendrait nécessaire une maison de réclusion par département : les reclus étant alors réunis en moindre nombre, leur direction vers le bien deviendrait beaucoup plus facile.

Lorsque l'on compare les prisons pénitentiaires de Lauzanne et de Genève à nos maisons centrales, on ne peut s'empêcher de regretter que la France qui, par sa haute position dans la portion la plus civilisée des quatre parties du monde, devrait donner à toute la terre l'exemple de tout ce qui est généreux et humain, reçoive d'un autre peuple, sous un rapport aussi essentiel que le régime répressif, un exemple qu'elle-même devrait donner la première à toutes les nations.

FIN DES NOTES.

TABLE DES MATIÈRES.

Examen de la 1re partie de la question . . . . Pag. 4

CHAPITRE Ier.
Observations sur la déportation et sur le système anglais. . . 5
Nécessité des catégories. , ... 10
Division des forçats par catégories 13

CHAPITRE II.
1re Catégorie 14
Division de la 1re catégorie en deux sections. . . . . ib.

CHAPITRE III.
2e Catégorie. 15
Ire Section 16
Compensation de la déportation à vie par une réduction dans la
  durée des travaux forcés. 17
IIe Section : 20
Distinctions à établir entre les anciens forçats et les nouveaux. ib.
Détails sur la déportation. 21
Femmes à déporter. 27

CHAPITRE IV.
3e Catégorie. . . . . ib.
Ire Section, bagne temporaire. 28
IIe Section.. . . . . ib.
Bagnes dans les capitales de département. . . . . ib.
Déportation limitée. 33
Bagne dans un port. 35
Epuration de la 3e catégorie et de la IIe section de la 2e . . . 37
Récapitulation des bagnes. 38
Mode de procéder à la formation des catégories. 41

CHAPITRE V.
Pionniers 43
Calculs sur l'effectif présumable de la 3e catégorie et de la
  2e section de la seconde. 44
Séparation des forçats libérés, anciens et nouveaux, admis dans
  les pionniers 48

Examen de la deuxième partie de la question. . . . . Pag.   49

Evaluation des forçats libérés. . . . . ib.

Observations sur un système général de colonisation. 53

CHAPITRE Ier.

Mesures de surveillance. 57

CHAPITRE II.

Dispositions nouvelles relatives au vagabondage des forçats

libérés. 61

CHAPITRE III.

Loi sur l'incorrigibilité des forçats libérés. 63

CHAPITRE IV.

Déportation volontaire. 65

Division des déportés en deux classes ; la première, de déportés

volontaires, la deuxième de déportés forcés. 66

Forçats non libérés admis à la déportation volontaire 68

Observations sur les bases qui doivent servir de fondement

à l'organisation de la colonie. . . . . ib.

CHAPITRE V.

Ateliers de travaux d'utilité publique extraordinaires. 74

Inondations . . . . ib.

Marais. 77

Routes nouvelles 78

Canaux. . . . . ib.

CHAPITRE VI.

Prisons pénitentionnaires. 80

Conclusion. 82

Notes 85

FIN DE LA TABLE.

www.ingramcontent.com/pod-product-compliance
Lightning Source LLC
Chambersburg PA
CBHW052136090426
42741CB00009B/2098